collection technote

GLPI

Gestion Libre de Parc Informatique

La gestion du parc

ISBN : 978-2-7460-7386-9
Imprimé en France

Editions ENI

ZAC du Moulin Neuf
Rue Benjamin Franklin
44800 St HERBLAIN

Tél. 02.51.80.15.15
Fax 02.51.80.15.16

e-mail : editions@ediENI.com
http://www.editions-eni.com

Auteur : Patrice THÉBAULT
Collection **TechNote** dirigée par Joëlle MUSSET

Table des matières

Les éléments à télécharger sont disponibles à l'adresse suivante :
http://www.editions-eni.fr
Saisissez la référence ENI de l'ouvrage **TEGLPI** dans la zone de recherche et validez. Cliquez sur le titre du livre puis sur le bouton de téléchargement

Chapitre 1 : Introduction

Chapitre 2 : La liaison avec une base OCSNG

Chapitre 3 : Les règles d'affectation des ordinateurs dans les entités

Chapitre 4 : La gestion des éléments de l'inventaire

Chapitre 5 : Gestion

Chapitre 6 : La gestion des imprimantes et des cartouches

Chapitre 7 : La gestion des logiciels

Chapitre 8 : La gestion des éléments réseau

Chapitre 9 : Les dictionnaires

Chapitre 1
Introduction

A. Avant-propos

GLPI était jusqu'à aujourd'hui l'un des outils libres incontournables dans le domaine de la gestion de parc. À partir de la version 0.80, GLPI devient également incontournable dans le domaine du helpdesk.

La réussite de ce projet repose sur une communauté qui a su faire sans cesse évoluer ce logiciel. Si l'association des demandes d'assistance à des éléments de l'inventaire continue à faire de GLPI un outil unique, cette nouvelle version qui intègre les concepts ITIL V1 (en attendant ITIL V3 dans les prochaines versions) en fait un outil formidable pour tous ceux qui souhaitent une solution intégrée, facilement paramétrable et totalement éprouvée.

Ce livre est extrait du titre "*GLPI (Gestion Libre de Parc Informatique) - Installation et configuration d'une solution de gestion de parc et de helpdesk*" paru dans la collection Ressources Informatiques aux Éditions ENI.

Il présente les fonctions liées à la gestion de parc et s'attache à mettre en avant certains points spécifiques de configuration ainsi que le travail réalisé sur la version 0.80 pour améliorer l'ergonomie et faire évoluer la terminologie employée.

Il s'adresse à un public de lecteurs initiés désireux de gérer leur parc informatique de manière structurée et en respectant les règles essentielles du cycle de vie des matériels.

B. Pré-requis

Pour tirer le meilleur profit possible de cette lecture, vous devez disposer des **pré-requis** suivants :

- Connaissance de votre parc informatique pour délimiter le périmètre d'utilisation de GLPI.
- Connaissance des différentes étapes de vie des matériels depuis leur achat jusqu'à leur réforme, en vue de l'adaptation de l'outil aux pratiques de l'entreprise.

Pour vous accompagner dans la découverte de l'outil et vous donner un aperçu d'une gestion de parc structurée par entités, une base pré-configurée est disponible sur le site des Éditions ENI.

Chapitre 2
La liaison avec une base OCSNG

A. Les relations entre GLPI et OCSNG

Pour commencer, vous allez découvrir comment alimenter de la manière la plus automatique possible votre base de données. Pour la plupart des utilisateurs actuels de GLPI, il serait difficile d'imaginer une gestion de parc avec GLPI sans envisager de l'associer à l'outil OCSNG.

Si vous ne connaissez pas OCSNG, en voici une rapide présentation. OCSNG (on parle aussi de OCS Inventory NG) est un outil qui se décompose en deux parties : un serveur et un agent installé sur tous les ordinateurs (postes de travail et serveurs). L'agent effectue à intervalle régulier un inventaire matériel et logiciel de la machine sur lequel il est installé. Il se connecte ensuite au serveur OCS et remonte l'inventaire de la machine si des modifications sont apparues depuis la dernière connexion. À l'occasion de cette connexion, l'agent récupère éventuellement des paquets dits de télédistribution afin d'installer des logiciels, de lancer des commandes ou bien de déposer des fichiers sur la machine hôte.

La force de la complémentarité des deux outils repose sur la capacité de GLPI, à récupérer les données de la base OCSNG pour alimenter sa propre base de données. GLPI gère également le suivi des mises à jour des données de la base OCSNG pour maintenir à jour ses données.

Cette association est historique et a des implications importantes dans GLPI. L'une des premières est d'avoir entraîné le développement des fonctions liées à OCSNG directement dans le cœur de GLPI. Cette architecture a pour conséquence de nécessiter des évolutions de version de GLPI lors des évolutions importantes d'OCSNG. La sortie de ces fonctions du cœur de GLPI pour être proposées sous forme d'un plugin fait partie des nouveautés en cours de développement.

Le second point à souligner se rapporte au mode d'alimentation des tables de GLPI à partir des données d'OCSNG : les données de la base OCSNG proviennent des inventaires des agents déployés sur les machines du parc informatique. Ces inventaires sont exclusivement basés sur les données disponibles sur les postes. Ainsi, par exemple, une imprimante n'a d'existence qu'au travers du pilote de cette imprimante sur le poste. Lors de l'import des données depuis OCSNG, ce sont les informations du pilote de l'imprimante qui permettent d'alimenter les données de la table des imprimantes dans GLPI.

Si vous souhaitez découvrir OCSNG, vous pouvez consulter le site du projet : http://www.ocsinventory-ng.org/fr/

B. Un projet porteur d'avenir pour GLPI : FusionInventory

Un autre projet (FusionInventory), issu du rapprochement d'un ancien plugin de GLPI (Tracker) et d'une version modifiée de l'agent OCSNG, peut vous apporter de nombreux services complémentaires. Là encore, un agent est installé sur les différentes machines (ordinateurs et serveurs) ; cette fois-ci la remontée d'inventaire se fait directement dans la base GLPI au travers du plugin FusionInventory. Les agents ont également un rôle d'analyse des éléments présents sur le réseau local au travers de requêtes SNMP. Les données recueillies viennent alimenter les données des tables contenant les éléments réseau et les imprimantes (ce mode d'alimentation permet de renseigner les ports et les connexions pour les éléments réseau et les niveaux de toner et les compteurs de pages pour la plupart des imprimantes).

À la date d'édition de ce livre, ce plugin, commence à prendre de plus en plus d'importance dans le paysage des outils d'inventaires et de gestion de parc. Toutes les fonctions ne sont pas encore disponibles et par exemple la télédistribution s'appuie encore à ce jour sur le moteur OCSNG. Vous trouverez toutefois plus d'informations sur ce plugin sur le site du projet :
http://fusioninventory.org/wordpress/about/aboutfr/

C.La configuration (Mode OCSNG)

Lorsque vous démarrez GLPI pour la première fois, les fonctions liées la récupération des données d'un serveur OCSNG ne sont pas activées.

La première chose à faire est donc d'activer ces fonctions (mode OCSNG).

→ Placez-vous dans le menu **Configuration - Générale - Onglet Inventaire**.

→ Placez le premier champ **Activer le mode OCSNG** sur **Oui**.

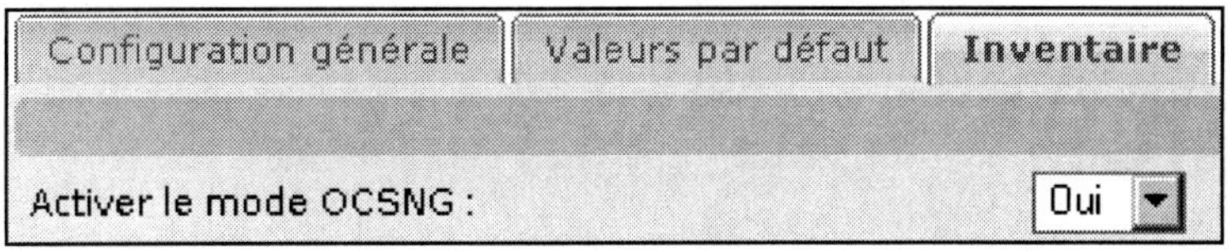

→ Enregistrez les modifications en cliquant sur le bouton **Valider**.

Cette action a deux conséquences :

D'une part l'ajout d'un menu **Mode OCSNG** dans le menu **Configuration**, et d'autre part l'ajout d'un menu **OCSNG** dans le menu **Outils** :

- Le menu **Outils - CSNG** permet de déclencher quatre types d'actions à partir des données de la base OCSNG. Ces actions sont décrites dans les quatre sous-parties suivantes.
- Le menu **Configuration - Mode OCSNG** permet de définir les éléments nécessaires à GLPI pour se connecter sur la base de données OCSNG, afin d'y récupérer les données d'inventaire. Une fois la connexion avec la base OCSNG validée, ce menu permet également de définir les éléments à importer.

→ Placez-vous dans le menu **Configuration - Mode OCSNG**.

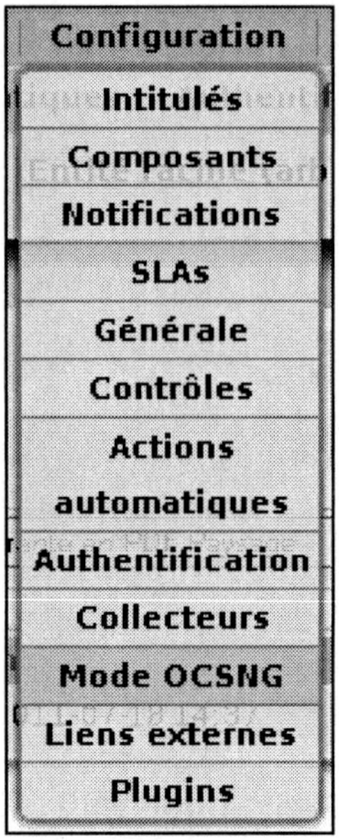

La liste des connexions avec des serveurs OCSNG s'affiche.

Il existe par défaut une connexion **localhost**. Celle-ci contient des paramètres prédéfinis de connexion vers une base OCSNG qui serait hébergée sur le même serveur que la base GLPI.

	Nom	Serveur	Dernière modification	Actif
☐	localhost	localhost	2011-07-18 14:37	Oui

➔Cliquez sur le nom de la connexion.

Un premier écran affiche les paramètres d'une connexion par défaut :

Le premier champ est le **Nom** donné à la connexion, ici **localhost**. Le choix du nom de la connexion est important afin d'identifier la source d'importation des machines, aussi bien sur la fiche de l'ordinateur que pour l'utilisation de cette information comme critère dans les **Règles d'affectation d'un ordinateur à une entité**.

Hôte de la base de données OCSNG : **localhost**. Cette valeur indique que la base de données recherchée se situe sur le même serveur que le serveur web hébergeant l'application GLPI.

Dans le cas d'une connexion sur un serveur distant, il convient de renseigner dans ce champ l'adresse IP du serveur OCSNG ou son nom DNS. Attention, pour fonctionner une configuration spécifique du serveur OCSNG doit être mise en place. En effet, le serveur doit être ouvert en écoute sur le port 3306 (MySQL). De plus, le compte utilisateur employé par le serveur web pour se connecter sur la base de données OCSNG doit être autorisé pour les serveurs distants (notés % dans la configuration des privilèges MySQL). Ce dernier paramétrage peut être réalisé à l'aide d'un outil comme PhpMyAdmin.

Nom de la base de données OCSNG : **ocsweb**. Ce paramètre est le nom de la base de données utilisée par l'application OCSNG pour stocker les données. Dans le cas d'une utilisation standard, vous ne devez pas modifier ce paramètre.

Utilisateur de la base de données OCSNG : **ocs**. Ce paramètre définit le login utilisé par le serveur web pour se connecter sur la base de données OCSNG. Afin de sécuriser l'accès à la base de données, vous pouvez être amené à créer un utilisateur ayant un login différent.

Mot de passe de l'utilisateur OCSNG : par défaut le mot de passe associé au login **ocs** est **ocs**.

Attention, ceci est un paramètre qu'il convient de modifier lors de l'installation d'OCSNG (au même titre que la création d'un mot de passe sur le compte root de la base de données MySQL). Un utilisateur qui connaît l'adresse d'un serveur OCSNG peut attaquer la base de données avec le compte ocs/ocs si celui-ci n'est pas sécurisé. Afin de sécuriser un peu plus la base de données, il est possible de supprimer les comptes avec des accès distants (%) si vos deux applications sont sur le même serveur.

Base de données OCSNG en UTF8 : ce paramètre permet d'activer la conversion des données lors de l'import afin de ne pas avoir d'anomalies d'affichage des données.

Actif : ce champ permet d'activer ou de désactiver une source d'importation. En cas de problème sur un serveur OCSNG, il peut être opportun de désactiver la connexion correspondante temporairement afin de limiter les erreurs de connexion.

1. Onglet Général

Cet onglet affiche le résultat du test de connexion à la base OCSNG à partir des paramètres saisis au-dessus.

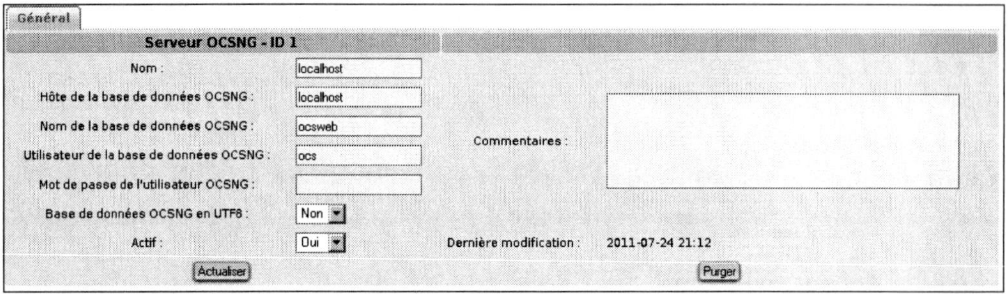

Lorsque les différents champs sont renseignés :

➔Cliquez sur le bouton **Actualiser**.

GLPI tente alors une connexion sur la base ocsweb avec les paramètres renseignés. Si cette connexion aboutit, un message de succès s'affiche en bas de l'écran et les onglets sont mis à jour.

Deux onglets supplémentaires de définition des éléments à importer et de configuration des imports s'affichent. Le contenu de ces onglets permet de paramétrer les données de la base OCSNG que vous souhaitez utiliser pour alimenter votre base GLPI.

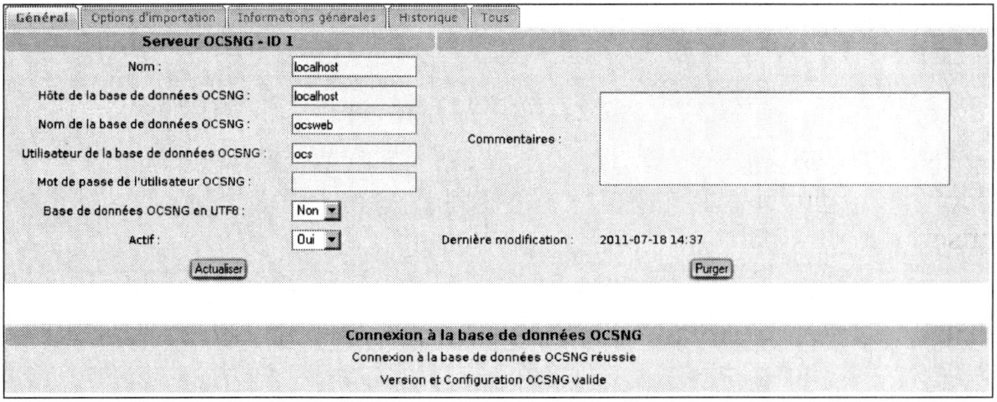

2. Onglet Options d'importation

Limiter l'importation aux tags suivants (séparateur $, rien pour tous) : cette option permet de restreindre l'import aux seules machines possédant un TAG OCSNG précis (ou une liste de TAG). Le TAG OCSNG est un champ de la base OCSNG propre à chaque machine. Ce TAG peut être alimenté manuellement ou automatiquement lors de la diffusion de l'agent OCSNG. Pour une alimentation automatique du TAG, le paramètre doit être défini lors de la création de l'agent OCSNG. Cette donnée n'a pas d'objet particulier et permet de contenir l'information qui vous semble la plus distinctive pour l'exploitation de votre parc. Vous pouvez par exemple l'utiliser pour spécifier le service dans lequel la machine est utilisée, ou bien la localisation géographique de la machine ou bien encore l'année d'installation. Attention, cette information peut être utilisée par GLPI pour effectuer des traitements automatiques lors de l'importation de chaque machine. La restriction de l'import à une liste de TAG est une première utilisation. Vous découvrirez dans la partie suivante de ce chapitre que le TAG OCSNG peut être utilisé pour placer automatiquement les machines dans vos différentes entités.

Exclure les tags suivants (séparateur $, rien pour aucun) : cette liste fonctionne à l'inverse de la précédente en excluant de l'import des machines ayant un TAG défini.

Statut par défaut : Ce champ permet d'affecter automatiquement un statut à chaque machine importée. Les statuts sont gérés dans une table, accessible dans le menu **Administration - Intitulés**. Les statuts les plus souvent utilisés sont : En stock, En service, En SAV, Réformé, Disparu, En panne... Il n'existe pas de statut prédéfini. Vous pouvez donc utiliser ce champ comme vous le souhaitez.

La table des statuts est commune à l'ensemble des objets de la base GLPI. Il convient donc de définir cette table avec précision, dans la mesure où vous retrouverez ce champ pour tous les types d'objets de la base.

Comportement lors de la déconnexion (Conserver/Corbeille/Suppression) : ce paramètre est directement lié à la fonction de **Nettoyage des liens GLPI/OCSNG**. Il vous permet de définir l'action à mener dans la base GLPI sur les machines qui ne sont plus dans la base OCSNG. Attention, la gestion de parc peut impliquer la conservation d'un historique des machines ayant été présentes dans votre société. Dans ce cas, il convient de ne pas utiliser le paramètre Suppression.

Dans le cas où vous choisissez d'automatiser les échanges entre les bases OCSNG et GLPI, le choix de ce paramètre peut entraîner des actions qui peuvent s'avérer perturbantes comme la disparition des machines de votre inventaire.

Périphériques (Pas d'import/Import global/Import unique) : la gestion des périphériques permet le suivi de tous les éléments connectés à une machine, autres que les moniteurs et les imprimantes. On y retrouve en général la gestion des souris, des claviers...

*Il convient d'expliquer ici la différence entre **import global** et **import unique** car cette notion se retrouve pour d'autres éléments à importer. Un **import unique** correspond à l'ajout d'un enregistrement dans la table des périphériques à chaque fois qu'un pilote est trouvé dans l'inventaire d'une machine lors de son import. Un **import global** signifie au contraire qu'à chaque fois qu'un pilote est trouvé dans l'inventaire d'une machine importée, GLPI recherche si le périphérique a déjà été créé dans la table lors de l'import d'une autre machine. Si le périphérique est déjà présent, GLPI ajoute un lien entre ce périphérique et la machine importée, sinon GLPI considère le périphérique comme nouveau et l'ajoute dans la liste des périphériques. L'exemple le plus parlant est dans la gestion des imprimantes : un import global correspond à la gestion d'un parc d'imprimantes en réseau alors que l'import unique correspond à la gestion d'un parc d'imprimantes individuelles. Vous découvrirez ci-dessous la difficulté de gestion d'un parc d'imprimantes mêlant des imprimantes individuelles et des imprimantes réseau.*

Moniteurs (Pas d'import/Import global/Import unique/Import unique sur numéro de série) : ce paramètre permet de définir la manière dont les moniteurs doivent être ajoutés à la table des moniteurs lors de l'import de leurs machines de rattachement.

Imprimantes (Pas d'import/Import global/Import unique) : comme vous venez de le voir ci-dessus, la configuration du mode d'import des imprimantes guidera GLPI dans la manière dont il considère votre parc d'imprimantes (imprimantes individuelles ou imprimantes réseau). La difficulté vient de la coexistence des deux types d'imprimantes dans un parc informatique. Il conviendra dans ce cas de paramétrer GLPI avec le type d'import correspondant à la majorité de votre parc d'imprimantes. Il sera possible après le premier import des machines (lors de l'alimentation initiale de votre base de données) de « déglobaliser » les imprimantes individuelles si vous aviez opté pour un import global. De même, il vous sera possible de globaliser les imprimantes réseau si vous aviez choisi un import individuel. Des problèmes pourront survenir par la suite lors des imports de nouvelles machines (et donc de nouvelles liaisons avec des imprimantes) car ces imports risqueront de générer des enregistrements mal définis dans la table des imprimantes.

L'expérience montre qu'il est souvent plus simple d'initialiser la liste des imprimantes en configurant l'import des imprimantes en mode global ou unique selon la prédominance des imprimantes réseau ou individuelles de votre parc. Puis de mettre la gestion de ce parc d'imprimantes en conformité avec l'existant en globalisant les imprimantes importées individuellement alors que ce sont des imprimantes réseau (et à l'inverse en déglobalisant les imprimantes individuelles importées comme des imprimantes réseau). Une fois cette mise à niveau effectuée, il est ensuite possible de passer le paramètre à Pas d'import *et de gérer les connexions aux imprimantes manuellement.*

Logiciels (Pas d'import/Import unique) : permet d'activer ou non l'import des logiciels présents dans l'inventaire des machines de la base OCSNG.

Volumes (Non/Oui) : permet d'activer l'import des données relatives aux disques logiques présents sur les machines.

Utiliser le dictionnaire logiciel d'OCSNG (Non/Oui) : OCSNG gère un dictionnaire de logiciels. Ce dictionnaire permet de regrouper sous une même appellation différentes versions d'un même logiciel. L'utilisation de cette méthode est aujourd'hui obsolète car GLPI gère ce regroupement dynamiquement et de manière plus fine au travers des fonctions d'affectation d'une catégorie aux logiciels et des dictionnaires logiciels.

Base de registre (Non/Oui) : OCSNG offre la possibilité d'interroger la base de registre des machines sur lesquelles l'agent OCSNG est installé. Le résultat de ces requêtes est stocké dans l'inventaire des machines. Ce paramètre permet d'activer la récupération de ces données dans la base GLPI. Ces données sont ensuite accessibles dans l'inventaire des ordinateurs dans un onglet spécifique.

Nombre d'éléments à synchroniser via l'action automatique ocsng (Aucun/valeur de 0 à 100) : GLPI permet de gérer automatiquement les imports et les mises à jour de données entre les bases OCSNG et GLPI. Ce paramètre permet de régler le volume de machines mises à jour à chaque fois que l'action de mise à jour automatique est déclenchée.

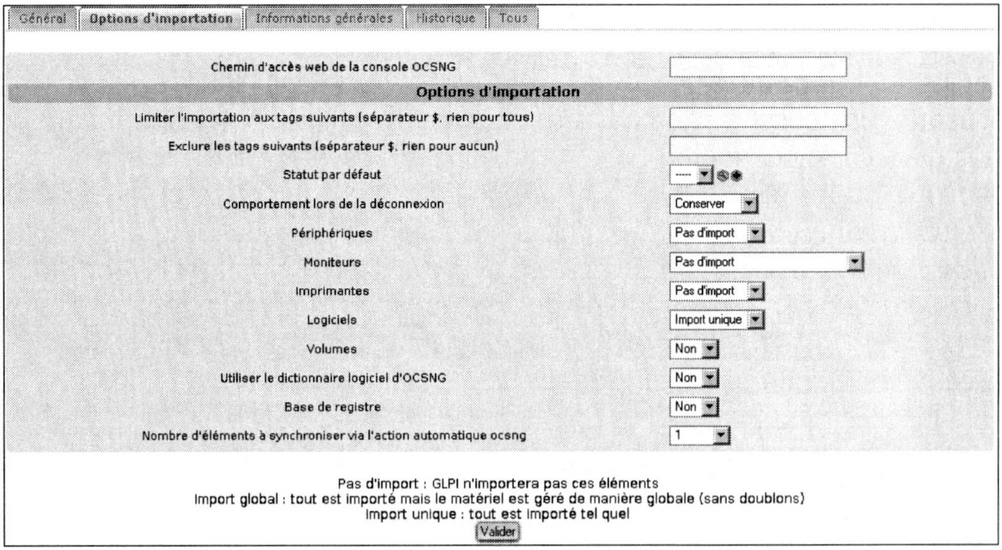

3. Onglet Informations générales

Cet onglet concerne les données brutes de l'inventaire des machines. Chaque paramètre permet de définir si vous souhaitez ou non récupérer les données dans votre base GLPI.

a. Section Informations générales Ordinateurs

Nom (Non/Oui) : récupère le nom de la machine. Ce champ servira d'identifiant à la machine. Il pourra également permettre d'associer des machines créées manuellement dans GLPI avec des machines inventoriées automatiquement par OCSNG (on parle alors de liaison OCSNG).

Système d'exploitation (Non/Oui) : récupère le système d'exploitation de la machine. L'import de ce champ permet d'alimenter la table des systèmes d'exploitation gérée dans le menu Configuration/Intitulés.

Numéro de série du système d'exploitation (Non/Oui) : récupère le numéro de série de l'OS lorsque celui-ci est disponible.

Numéro de série (Non/Oui) : récupère le numéro de série de la machine. Cette donnée fait partie de celles permettant de générer des liaisons OCSNG.

Modèle (Non/Oui) : récupère le modèle de l'ordinateur. L'import de ce champ permet d'alimenter la table des modèles d'ordinateurs.

Fabricant (Non/Oui) : récupère le nom du fabricant. L'import de ce champ permet d'alimenter la table des fabricants. Cette table est commune à l'ensemble des éléments de l'inventaire.

Type (Non/Oui) : récupère le type de machine.

Domaine (Non/Oui) : récupère le domaine dans lequel est installé l'ordinateur. Cette donnée vient également alimenter la table **Domaine** des intitulés.

Usager (Non/Oui) : récupère le nom de l'utilisateur de la machine au moment de l'inventaire par l'agent OCSNG.

Commentaires (Non/Oui) : alimente le champ commentaire.

IP (Non/Oui) : récupère l'adresse IP de la machine. Dans le cas d'une structure possédant un plan d'adressage détaillé et stable dans le temps, ce champ peut être utilisé pour classer les machines dans les différentes entités. Comme pour le numéro de série et le nom, il peut servir à établir des liaisons OCSNG.

b. Section Composants

Composants (Non/Oui) : récupère les composants matériels. L'import de ce champ permet d'alimenter la table associée.

Processeur (Non/Oui) : récupère les références du processeur lorsqu'elles sont connues. Il est à noter que certaines versions passées de l'agent OCSNG avaient des difficultés pour remonter les machines multiprocesseurs. L'erreur était ensuite remontée dans GLPI et entraînait des imprécisions. Il est important de veiller à utiliser les versions les plus récentes d'OCSNG et de ses agents.

Mémoire (Non/Oui) : récupère la quantité de mémoire installée sur la machine.

Disque dur (Non/Oui) : récupère les informations matérielles des périphériques de stockage identifiés par OCSNG.

Carte réseau (Non/Oui) : récupère les informations relatives à la carte réseau.

Carte graphique (Non/Oui) : récupère les informations relatives à la carte graphique.

Carte son (Non/Oui) : récupère les informations relatives à la carte son.

Lecteurs (Non/Oui) : récupère la liste des lecteurs présents sur la machine.

Modems (Non/Oui) : récupère les données des modems.

Ports (Non/Oui) : récupère les données sur les différents ports disponibles sur la machine. Cette donnée est importante si vous souhaitez par la suite suivre toutes les connexions réseau de votre entreprise avec GLPI. En effet, cette information sera nécessaire pour connecter la machine sur un élément réseau.

c. Section Informations administratives OCSNG

Les données ci-dessous permettent de définir dans quel champ vous souhaitez importer la valeur du TAG OCSNG et/ou la valeur des données administratives saisies manuellement dans la base OCSNG. Les données administratives sont des champs de saisie supplémentaires permettant de stocker des informations dans la base OCSNG. Ces champs n'ayant pas de fonction prédéfinie, il n'est pas possible de leur définir une destination dans la base GLPI. Les champs de destination les plus usités sont donc proposés ci-dessous.

- **Numéro d'inventaire** (Pas d'import/HARDWARE_ID/TAG).
- **Lieu** (Pas d'import/HARDWARE_ID/TAG).
- **Groupe** (Pas d'import/HARDWARE_ID/TAG).
- **Usager numéro** (Pas d'import/HARDWARE_ID/TAG).
- **Réseau** (Pas d'import/HARDWARE_ID/TAG).

d. Section Informations générales Moniteurs

Commentaires (Non/Oui) : permet d'activer la récupération des commentaires liés aux moniteurs.

Vous venez de découvrir la configuration de l'import des données depuis un serveur OCSNG. Il est possible d'importer les données de plusieurs serveurs OCSNG et de consolider l'ensemble des données dans une seule base GLPI.

Prenons le cas où GLPI gère une structure répartie sur trois pays, eux-mêmes structurés par villes ou par région / villes.

Un tel découpage va permettre à un utilisateur positionné au niveau de l'Entité racine de voir et gérer l'ensemble du parc. En revanche, le responsable espagnol ne verra que les entités Espagne, Madrid et Barcelone, le responsable allemand ne verra que les entités Allemagne, Berlin et Bonn. Un responsable local ne verra que son entité.

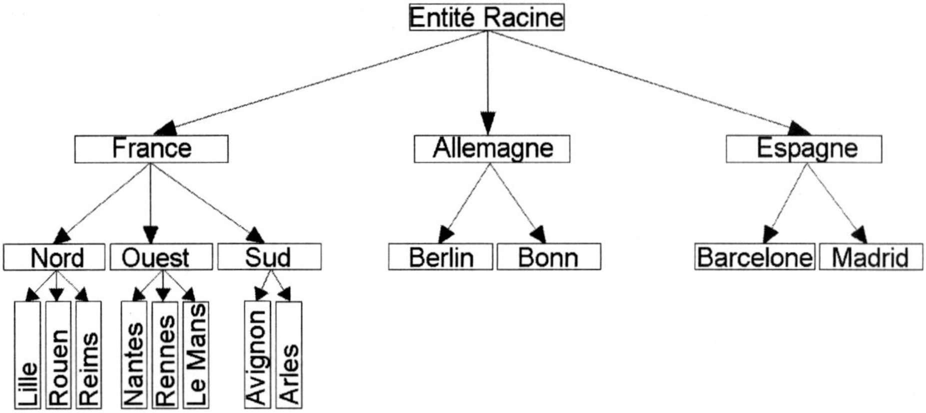

Selon la taille de l'entreprise et son organisation, les entités peuvent représenter les implantations géographiques et/ou les différentes unités ou services.

Dans cet exemple, une organisation possible serait d'avoir un serveur OCSNG par pays (France, Espagne, Allemagne) pour gérer au plus près les inventaires et les télédistributions, et de consolider l'ensemble des données dans une seule base GLPI centralisée afin d'avoir une vue globale de l'ensemble du parc et de l'assistance.

4. Pour ajouter des connexions supplémentaires

➜ Placez-vous dans le menu **Configuration - Mode OCSNG**.

La liste des connexions existantes s'affiche.

➜ Cliquez sur le bouton **Ajouter**.

➜ Renseignez les paramètres de connexion à la base de données OCSNG :

IP du serveur OCSNG : il s'agit ici d'un serveur OCSNG différent du localhost. Pour que le serveur GLPI puisse accéder à la base ocsweb distante, il faut :

- Que le serveur distant soit en écoute sur le port utilisé par MySQL (port 3306 ouvert en destination).

- Que le compte utilisé pour se connecter (ici ocs) soit autorisé pour les serveurs distants. Il faut vérifier à l'aide d'un outil comme phpmyadmin les privilèges du compte ocs sur la base ocsweb. L'ouverture aux serveurs distants est marquée par le symbole %. Il est également possible de n'ouvrir ces droits que pour l'adresse du serveur GLPI.

nom de la base : par défaut ocsweb.

login : par défaut ocs.

mot de passe : par défaut ocs, toutefois si ce paramètre n'a pas été modifié, il s'agit d'une importante faille de sécurité. Ce changement de mot de passe doit normalement être effectué à l'installation d'OCSNG.

Lorsque la connexion est établie, définissez les éléments à importer comme dans l'exemple précédent.

Vous devriez donc avoir à terme pour l'organisation décrite dans l'exemple, trois connexions :

- **localhost**, qui récupère les données du serveur OCSNG hébergé sur le même serveur que le serveur GLPI. Ce serveur OCSNG remonte les inventaires des machines en France.
- **OCSNG_Spain**, qui récupère les données du serveur OCSNG de la partie espagnole de la société.
- **OCSNG_Deutschland**, qui récupère les données du serveur OCSNG de la partie allemande de la société.

	Nom	Serveur	Dernière modification	Actif
☐	localhost	localhost	2011-07-24 21:56	Oui
☐	OCSNG_Deutschland	170.45.37.2	2011-07-24 22:27	Oui
☐	OCSNG_spain	141.27.52.8	2011-07-24 22:29	Oui

Cette configuration permet donc de consolider les données en provenance de plusieurs serveurs OSCNG dans une seule base GLPI.

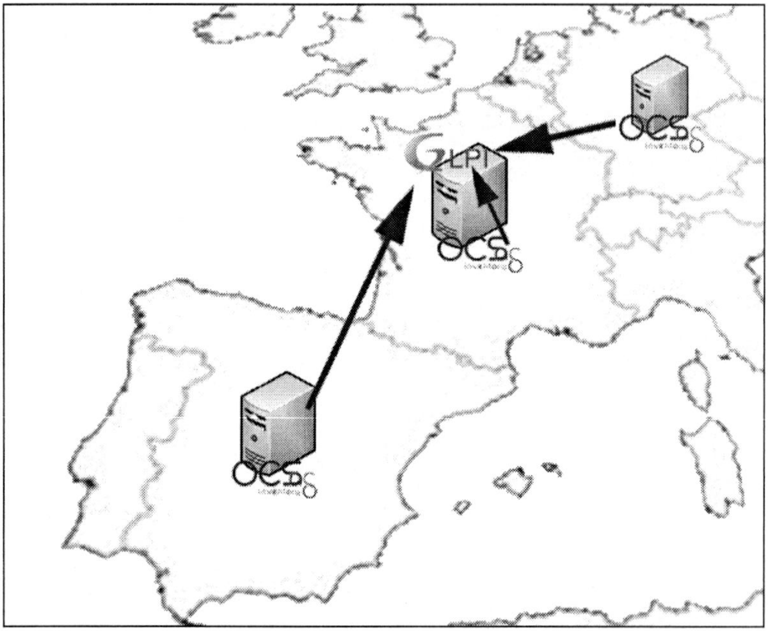

Votre connexion est maintenant opérationnelle et les éléments à importer ont été définis. Vous allez maintenant découvrir les quatre actions disponibles pour gérer les échanges entre la (les) base(s) OCSNG et la base GLPI :

- L'import
- La synchronisation
- La Liaison de nouveaux ordinateurs à des ordinateurs existants
- Le nettoyage des liens GLPI/OCSNG

Ces quatre actions sont disponibles dans le menu **Outils - OCSNG**.

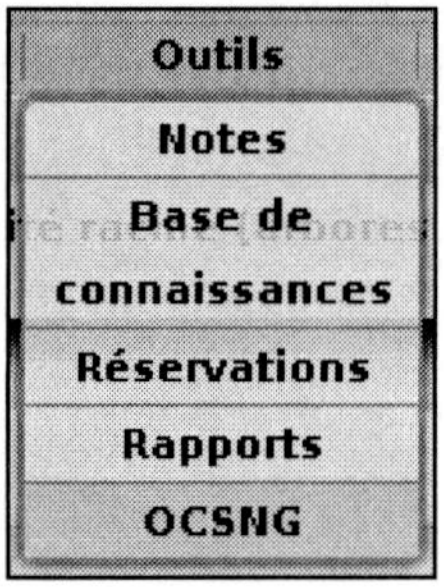

Pour chacune de ces actions, un premier écran permet de sélectionner le serveur OCSNG sur lequel la commande doit être exécutée.

Cet écran n'apparaît que si au moins deux connexions sont actives.

L'action à exécuter est ensuite proposée.

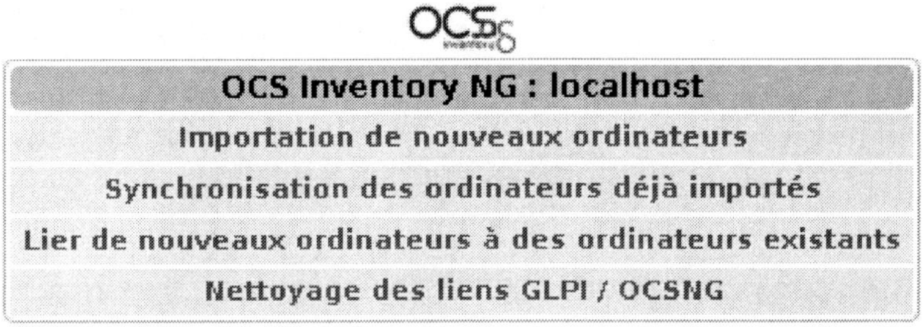

D.L'import

Cette fonction est la première que l'on exécute lors d'une première alimentation de la base GLPI. Il s'agit pour GLPI de récupérer les données de la base OCSNG concernant les machines qui n'ont pas encore été importées dans la base GLPI.

Lors de cette opération, chaque machine récupérée de la base OCSNG génère un enregistrement dans la base GLPI. Les données de l'inventaire de la machine servent à alimenter plusieurs autres tables.

La machine est ajoutée à la table des **Ordinateurs**.

Chaque écran dont le pilote fait partie de l'inventaire de la machine génère un enregistrement dans la table **Moniteurs**. Un lien (appelé connexion) est ajouté entre l'ordinateur et le moniteur.

Chaque logiciel inventorié sur la machine est ajouté à la table **Logiciels**. Si le logiciel est déjà présent dans cette table, seul le lien entre la machine et le logiciel est généré. Ce lien permet ainsi de définir la liste des installations pour un logiciel donné, et pour une machine donnée l'ensemble des logiciels présents sur la machine.

En ce qui concerne les imprimantes, dans le cas d'un import individuel chaque imprimante dont le pilote est présent sur la machine est ajoutée à la table **Imprimantes** et un lien entre la machine et l'imprimante est créée. Dans le cas d'un import global, chaque pilote d'imprimante présent sur la machine, et correspondant à une imprimante existante, entraîne l'ajout d'un lien entre la machine importée et l'imprimante existante. Sinon l'imprimante est créée dans la table des imprimantes et un lien entre cette imprimante et l'ordinateur est créé.

Pour importer des ordinateurs

➔ Cliquez sur le menu **Importation de nouveaux ordinateurs**.

GLPI liste les ordinateurs de la base OCSNG qui ne sont associés à aucun ordinateur de sa base.

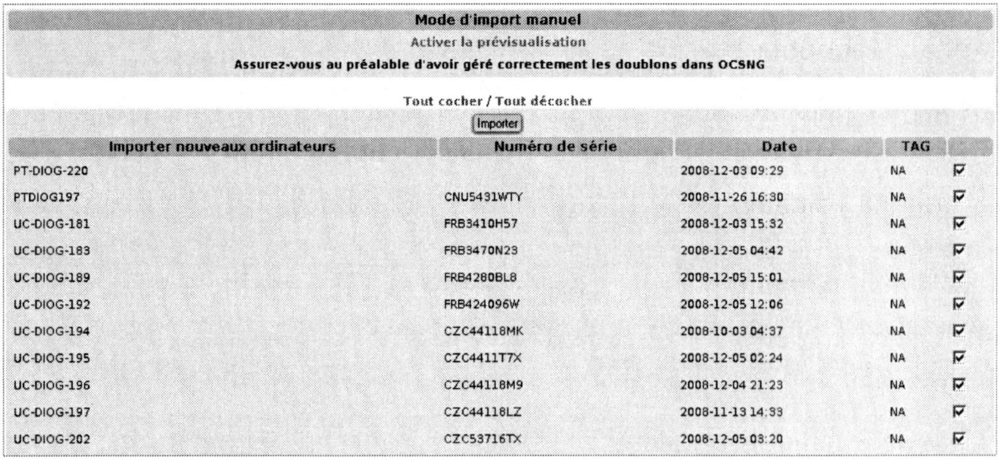
Mode d'import manuel
Activer la prévisualisation
Assurez-vous au préalable d'avoir géré correctement les doublons dans OCSNG
Tout cocher / Tout décocher
Importer

Importer nouveaux ordinateurs	Numéro de série	Date	TAG	
PT-DIOG-220		2008-12-03 09:29	NA	☑
PTDIOG197	CNU5431WTY	2008-11-26 16:30	NA	☑
UC-DIOG-181	FRB3410H57	2008-12-03 15:32	NA	☑
UC-DIOG-183	FRB3470N23	2008-12-05 04:42	NA	☑
UC-DIOG-189	FRB4280BL8	2008-12-05 15:01	NA	☑
UC-DIOG-192	FRB424096W	2008-12-05 12:06	NA	☑
UC-DIOG-194	CZC44118MK	2008-10-03 04:37	NA	☑
UC-DIOG-195	CZC4411T7X	2008-12-05 02:24	NA	☑
UC-DIOG-196	CZC44118M9	2008-12-04 21:23	NA	☑
UC-DIOG-197	CZC44118LZ	2008-11-13 14:33	NA	☑
UC-DIOG-202	CZC53716TX	2008-12-05 03:20	NA	☑

Le lien **Activer la prévisualisation** permet d'afficher trois colonnes supplémentaires :

Vérifie la règle ? : affiche le nom de la règle d'affectation d'un ordinateur à une entité à laquelle répond la machine à importer.

Entité de destination : ce champ affiche l'entité de destination calculée à partir des règles d'affectation d'un ordinateur à une entité. Ce champ est une liste déroulante qui permet de modifier manuellement l'entité de destination pour un ordinateur donné.

Lieu de destination : ce champ est également défini par les règles d'affectation d'un ordinateur à une entité et peut également être modifié manuellement.

Tout cocher / Tout décocher

Importer

Importer nouveaux ordinateurs	Numéro de série	Date	TAG	Vérifie la règle ?	Entité de destination	Lieu de destination	
PT-DIOG-220		2008-12-03 09:29	NA	Deutchland_Berlin	Allemagne	Berlin	☑
PTDIOG197	CNU5431WTY	2008-11-26 16:30	NA	Deutchland_Berlin	Allemagne	Berlin	☑
UC-DIOG-181	FRB3410H57	2008-12-03 15:32	NA	Spain	Espagne	-----	☑
UC-DIOG-183	FRB3470N23	2008-12-05 04:42	NA	Spain	Espagne	-----	☑
UC-DIOG-189	FRB4280BL8	2008-12-05 15:01	NA	Spain	Espagne	-----	☑
UC-DIOG-192	FRB424096W	2008-12-05 12:06	NA	Spain	Espagne	-----	☑
UC-DIOG-194	CZC44118MK	2008-10-03 04:37	NA	Spain	Espagne	-----	☑

Attention, le moteur de règles d'affectation d'un ordinateur à une entité s'arrête à la première règle vérifiée. L'affectation de l'entité et du lieu doit donc se faire dans la même règle avec une double action.

Vous pouvez également exclure de l'import certains ordinateurs en décochant la case de la dernière colonne.

➔ Cliquez sur **Importer**.

Pendant l'import, une fenêtre sur les **Statistiques de la liaison OCSNG** affiche l'avancement de l'opération.

Statistiques de la liaison OCSNG	
Machines importées	1
Machines synchronisées	0
Machines liées	0
Machines non modifiées	0
Machines ne vérifiant aucune règle	0
Machines en doublon	0
Machines dont l'import est refusé par une règle	0
Progression 50%	

À la fin de l'import, cette fenêtre affiche le résultat.

Statistiques de la liaison OCSNG : traitement terminé	
Machines importées	2
Machines synchronisées	0
Machines liées	0
Machines non modifiées	0
Machines ne vérifiant aucune règle	0
Machines en doublon	0
Machines dont l'import est refusé par une règle	0
Retour	

➔Cliquez sur le bouton **Retour**.

Une table de GLPI permet d'enregistrer l'association de l'id de la machine dans la base OCSNG avec l'id de la même machine dans la base GLPI (cette table est très importante pour comprendre le fonctionnement des autres fonctionnalités, ainsi que le cycle de vie des machines dans la gestion de parc et la traduction dans les outils OCSNG et GLPI). Cette table permet par exemple d'identifier qu'une machine OCSNG a déjà été importée et/ou que les données d'une machine GLPI proviennent de données de la base OCSNG.

E. La synchronisation

La synchronisation permet de mettre à jour les données de la base GLPI à partir des données qui ont été mises à jour sur le serveur OCSNG.

Vous venez de découvrir que lors de l'import d'une machine OCSNG dans la base GLPI, un enregistrement est ajouté dans la table d'association des id OCSNG et des id GLPI.

Lors de la phase de synchronisation, GLPI parcourt cette table et, pour chaque machine présente dans la base GLPI, va chercher les informations nouvelles dans la base OCSNG. En effet, l'inventaire des machines par OCSNG se fait de manière régulière et permet d'avoir une vue quasi en temps réel de l'état du parc informatique. Afin d'avoir un niveau de fiabilité des informations dans GLPI, il est nécessaire de réaliser régulièrement des synchronisations.

*Lorsque des modifications manuelles sont apportées aux données dans GLPI, les champs sont **verrouillés** afin que les données ne soient pas écrasées par des synchronisations. GLPI donne ainsi la priorité aux données saisies manuellement. Si vous souhaitez que la synchronisation écrase ces données, vous devez au préalable **déverrouiller les champs** concernés. Pour cela, vous pouvez soit : déverrouiller les champs dans l'onglet **OCSNG** des données des ordinateurs, en cochant les champs à déverrouiller et en cliquant sur le bouton **Déverrouiller**, soit déverrouiller les champs pour un ou plusieurs ordinateurs sélectionnés (cochez la case devant les ordinateurs à sélectionner), en utilisant la fonction de modification massive **Déverrouiller les champs** située dans la liste déroulante des actions disponibles (sous la liste des machines).*

Pour synchroniser des ordinateurs

➔ Cliquez sur le menu **Synchronisation des ordinateurs déjà importés**.

GLPI liste des ordinateurs de la base OCSNG dont les données doivent être mises à jour, ou complétées.

Vous pouvez exclure de la synchronisation certains ordinateurs en décochant la case de la dernière colonne.

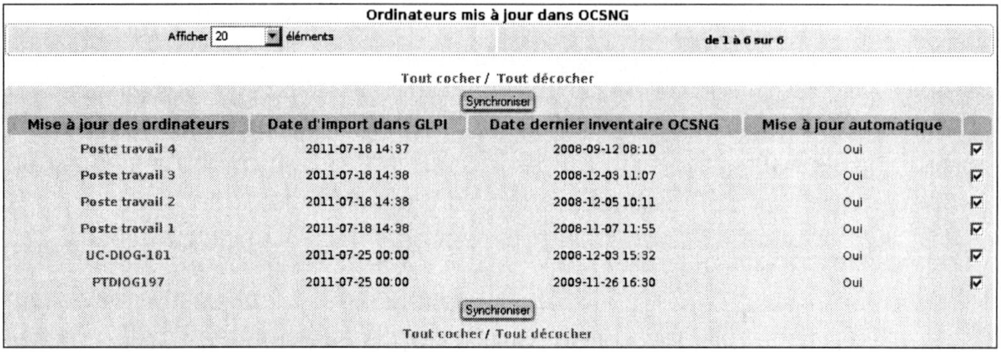

Cliquez sur le bouton **Synchroniser**.

Pendant la synchronisation des données, une fenêtre sur les **Statistiques de la liaison OCSNG** affiche l'avancement de l'opération.

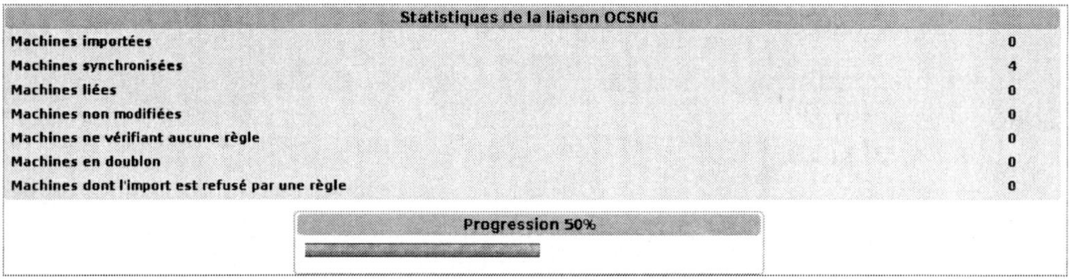

À la fin de l'import, cliquez sur le bouton **Retour**.

*Il est possible de déclencher la synchronisation d'un ordinateur en cliquant sur le bouton **Forcer la synchronisation** dans l'onglet **OCSNG** de la fiche de l'ordinateur. De même, une action de modification massive permet de forcer la synchronisation de plusieurs ordinateurs sélectionnés dans la liste.*

F. Lier de nouveaux ordinateurs à des ordinateurs existants

Cette fonction est très importante dans le cycle de vie des machines et dans la gestion de parc. En effet, si vous souhaitez gérer votre parc informatique de la manière la plus précise possible, vous devez commencer à gérer les matériels non pas à partir des données importées depuis OCSNG, mais bien en amont, dès la livraison des matériels neufs, voire dès leur commande.

Plus tard, lors de la mise en place de la machine et de sa remontée dans OCSNG vous lancerez la fonction de liaison. Celle-ci permet d'associer la machine saisie dans GLPI avec une machine présente dans la base OCSNG. Cette association ajoute un enregistrement dans la table qui associe les id OCSNG avec les id GLPI, et complète les données de la base GLPI avec celles contenues dans OCSNG.

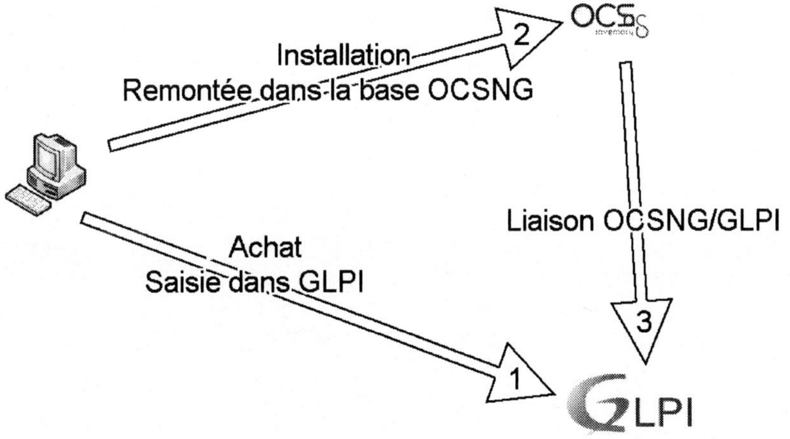

Cette approche est donc différente du recours à la fonction d'import des données qui devient dans ce cas une fonction secondaire (voire inutile si votre gestion est rigoureuse).

Cette section détaille donc les modes de création des ordinateurs dans la base GLPI, puis la liaison avec des machines présentes dans la base OCSNG.

1. Ajout manuel des ordinateurs dans la base GLPI

Cette méthode est archaïque et consiste à créer les machines une par une. Elle peut être toutefois optimisée en utilisant les gabarits (un gabarit est une fiche de machine préremplie qui évite la ressaisie des éléments communs à plusieurs machines).

> *La création de base d'une machine utilise simplement un gabarit vide (ce gabarit existe par défaut).*

a. La création des gabarits

> *Avant toute chose, il est important de préciser que la gestion des gabarits se fait par entité. Si les machines à créer sont réparties dans plusieurs entités, il faudra soit recréer les gabarits dans chaque entité, soit créer les machines dans une entité et déplacer ensuite ces machines dans leur entité de destination.*

Pour créer un gabarit :

- Placez-vous dans l'entité dans laquelle vous souhaitez créer le gabarit.
- Placez-vous dans le menu **Inventaire - Ordinateurs**.
- Cliquez sur le bouton **Gérer Gabarits**...

La liste des gabarits s'affiche.

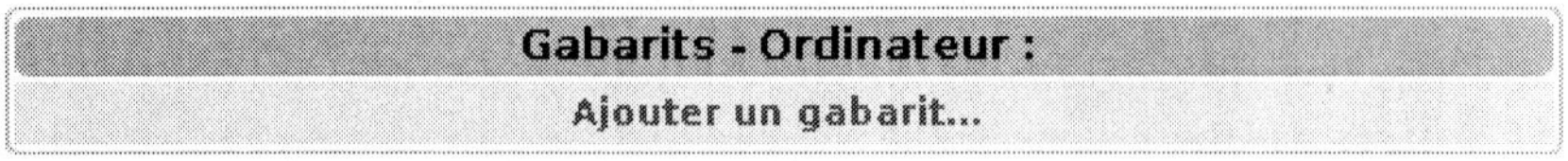

- Cliquez sur le lien **Ajouter un gabarit**...

➜ Renseignez le champ **Nom du gabarit** et le maximum de données principales communes aux machines concernées par ce gabarit.

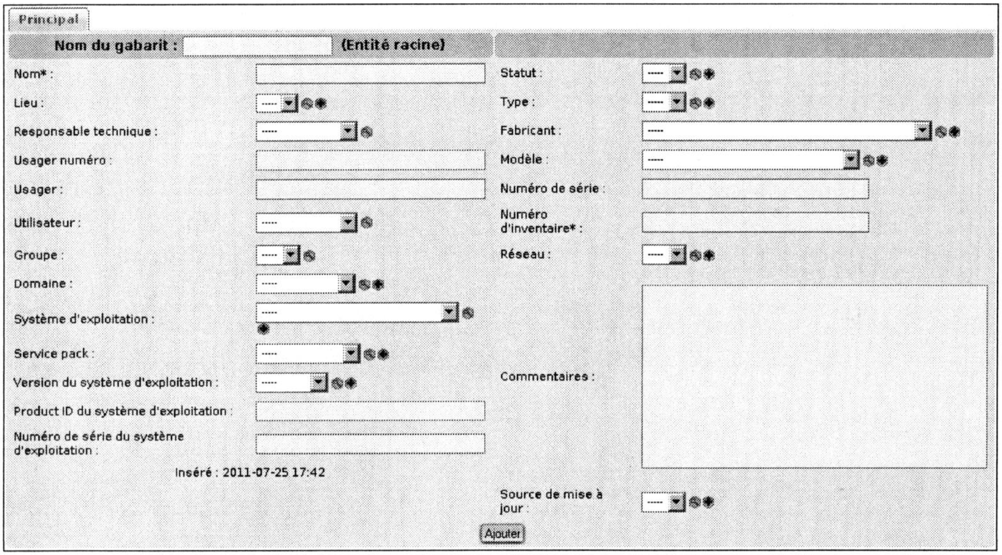

➜ Validez l'ajout en cliquant sur le bouton **Ajouter**.

Un message de confirmation de la création du gabarit s'affiche.

➜ Cliquez sur le nom du gabarit dans ce message. De nouveaux onglets sont ajoutés :

➜ Complétez les données communes aux ordinateurs dans les différents onglets.

N'oubliez pas de valider les modifications avant de changer d'onglet.

Dans l'optique d'utiliser la fonction de liaison OCSNG, il n'est pas nécessaire de renseigner tous les champs car la plupart des données seront importées à partir de l'inventaire OCSNG.

Lorsque votre gabarit est prêt, vous pouvez l'utiliser pour ajouter des machines manuellement.

b. L'utilisation des gabarits

- Placez-vous dans le menu **Inventaire - Ordinateurs**.
- Cliquez sur le bouton **Ajouter**.
- Choisissez le gabarit correspondant aux machines à ajouter.

La fiche pré-remplie s'affiche.

- Personnalisez le nom de la machine et ajoutez les éléments spécifiques à cette machine (numéro de série, numéro d'inventaire...).
- Répétez l'opération pour chaque machine correspondant au gabarit.

c. La suppression des gabarits

Un gabarit est souvent lié à une commande, il se peut donc que vous ayez à supprimer un gabarit.

- Placez-vous dans l'entité dans laquelle a été créé le gabarit.
- Placez-vous dans le menu **Inventaire - Ordinateurs**.
- Cliquez sur le bouton **Gérer Gabarits**...
- Cliquez sur le lien **Supprimer** en face du gabarit.

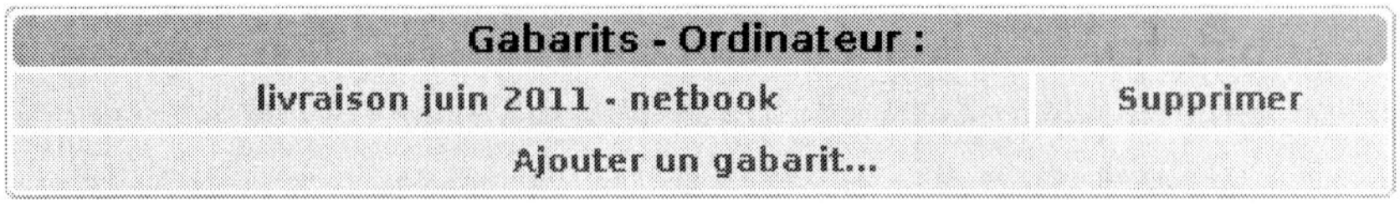

2. Ajout d'ordinateurs à l'aide du plugin DataInjection

Une autre méthode d'alimentation repose sur un plugin spécifique : le plugin **DataInjection**. Ce plugin permet d'injecter des enregistrements dans différentes tables de la base de données à partir d'un fichier .csv.

L'injection des données se passe en deux étapes.

a. La définition du modèle

Le modèle d'injection permet de définir les associations entre les colonnes du fichier .csv et les champs de la table de destination.

Pour définir le modèle :

➔ Spécifiez le type de données que vous souhaitez injecter (ici des Ordinateurs).

➔ Sélectionnez le fichier .csv, afin que le plugin récupère la liste des colonnes.

➔ Pour chaque colonne du fichier .csv, désignez la table et le champ de destination de la donnée.

Vous devez également spécifier dans le modèle les champs servant à définir les critères d'unicité des données importées. Le modèle peut ensuite être sauvegardé en vue d'une réutilisation ultérieure.

Ce plugin permet également la réalisation de mises à jour de données. Vous devez dans ce cas ajouter à la définition du modèle d'injection les champs de liaisons entre les données .csv et des données déjà présentes dans la base. Ces champs servent au plugin à identifier les enregistrements sur lesquels les mises à jour doivent être effectuées.

b. L'utilisation du modèle

➔ Placez-vous dans l'entité de destination des données.

➔ Sélectionnez le modèle.

➔ Sélectionnez le fichier .csv contenant les données à injecter.

➔ Lancez l'injection de données.

Les fournisseurs de matériels fournissent de plus en plus souvent les données relatives aux machines livrées sous forme d'un fichier. Il suffit ensuite d'utiliser ce fichier pour effectuer l'ajout des machines dans la base GLPI.

3. La fonction liaison OCSNG

Vous avez maintenant saisi les machines dans la base GLPI.

Les machines sont ensuite mises en service, connectées au réseau. L'agent OCSNG installé sur chaque machine effectue une remontée d'inventaire dans la base OCSNG.

Si vous utilisez la fonction d'import de machines d'OCSNG, vous obtiendrez des doublons dans la base GLPI (une occurrence saisie manuellement et une occurrence importée depuis OCSNG).

GLPI propose donc une fonction d'association des machines remontées dans la base OCSNG avec des machines saisies manuellement dans la base GLPI.

a. Pour exécuter la liaison

➔ Cliquez sur le menu **Lier de nouveaux ordinateurs à des ordinateurs existants**.

GLPI affiche alors la liste de ordinateurs présents dans la base OCSNG qui ne sont pas encore associés à un ordinateur présent dans la base GLPI.

GLPI exécute alors les règles d'import et de liaison des ordinateurs. Ces règles sont détaillées dans le chapitre Les règles d'import et de liaison. Si des critères de rapprochement sont vérifiés, GLPI propose la machine correspondante issue de sa base.

Pour les autres machines, une liste déroulante permet de désigner manuellement la machine de la base GLPI à lier.

➔Cliquez sur le bouton **Importer** pour valider les liaisons.

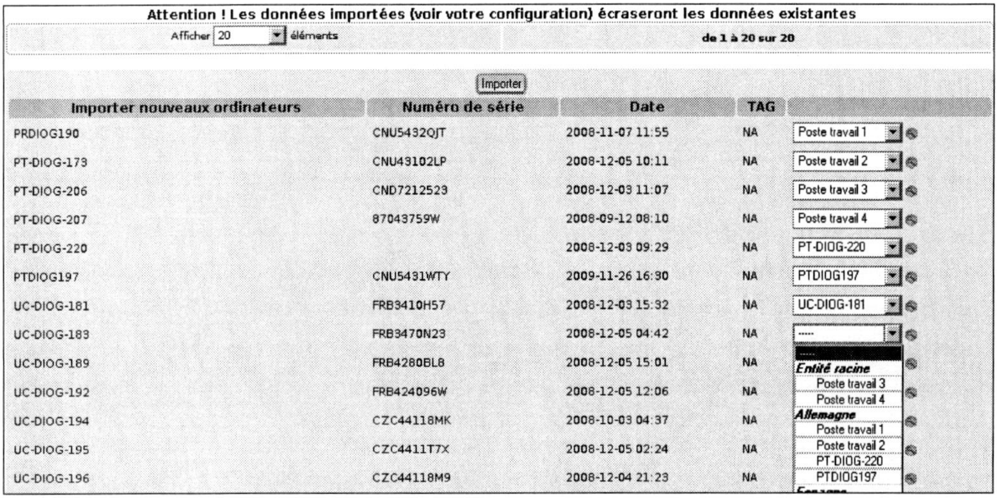

Lors de la validation des associations, un enregistrement est ajouté à la table de liaison des id OCSNG et des id GLPI. Les données contenues dans la base GLPI sont également complétées par les données issues de l'inventaire OCSNG.

Cette opération peut également se faire de manière automatique au travers des actions automatiques. GLPI utilise pour cela les mêmes critères de rapprochement entre les machines de la base OCSNG et celles de la base GLPI définis dans les **règles d'import et de liaison**.

G.Le nettoyage des liens GLPI/OCSNG

Cette dernière fonctionnalité concerne la fin de vie des machines et s'appuie sur l'idée que OCSNG est une vue quasi instantanée et automatique de votre parc. Lorsqu'une machine est retirée du parc informatique, elle n'effectue plus de remontée d'inventaire et ne doit donc plus être présente dans la base OCSNG.

Dans OCSNG, vous pouvez identifier les machines qui ne remontent plus dans l'inventaire soit en classant les machines par date de dernier inventaire, soit en cliquant sur le titre de l'application. Ce bouton permet d'afficher des statistiques générales sur les machines de la base de données.

Après avoir purgé les machines de la base OCSNG :

➔ Placez-vous dans le menu **Outils - OCSNG**.

➔ Cliquez sur le bouton **Nettoyage des liens GLPI/OCSNG**.

GLPI parcourt alors la table d'association des id OCSNG et des id GLPI.

Pour chacun des enregistrements, GLPI vérifie que la machine est toujours présente dans la base OCSNG. Si cette machine n'est plus présente, GLPI supprime l'enregistrement de la table d'association des id et applique l'action sélectionnée indiquée dans le menu **Configuration - Générale -** onglet **Inventaire**, champ **Comportement à la suppression d'une machine dans OCSNG (---/Mettre à la corbeille/Passage à l'étatxxx)**.

Après avoir appliqué cette action, les machines obsolètes se retrouvent dans la corbeille ou bien voient leur statut modifié. Il est alors possible de leur appliquer des traitements spécifiques (déplacement dans une entité spécifique, suppression...).

H.Les règles d'import et de liaison

Cette fonction permet de gérer très finement le comportement de GLPI lors des imports et des liaisons de machines entre la base OCSNG et la base GLPI.

Le fonctionnement est basé sur un ensemble de règles. Comme toujours dans GLPI, une règle est composée d'un ou plusieurs critères et d'une action.

Il est possible de définir plusieurs règles. L'exécution des règles s'arrête lorsqu'une règle est vérifiée. L'ordre d'exécution des règles est donc très important, puisque vous devez traiter les cas particuliers avant les cas généraux.

La multiplicité des critères disponibles permet de très nombreuses combinaisons, et une très grande finesse des règles.

Afin de préserver la cohérence de vos données, vous devez toujours tenter de créer une liaison entre une machine OCSNG et une machine GLPI avant d'envisager d'importer la machine dans GLPI comme étant une nouvelle machine.

➔ Placez-vous dans le menu **Administration - Règles**.

➔ Cliquez sur le menu **Règles d'import et de liaison des ordinateurs**.

La liste des règles existantes s'affiche.

Pour ajouter une règle :

➔ Cliquez sur le bouton **Ajouter**.

➔ Remplissez les données générales de la règle :

Nom : ce champ doit être suffisamment explicite pour identifier la règle simplement. Ceci est notamment utile pour définir l'ordre d'exécution des règles.

Description : cette description peut vous aider à identifier la règle dans la liste de règles.

Opérateur logique (Et) : cet opérateur impose le cumul des critères au sein d'une même règle.

Actif : cet item permet de rendre active ou inactive la règle.

Ne pas oublier d'activer les règles pour qu'elles s'exécutent. L'expérience montre que l'on cherche parfois longtemps pourquoi les règles ne font pas ce qu'on leur demande, alors qu'elles sont simplement inactives.

Commentaires : ce champ vous permet de détailler l'objectif de la règle.

Le contenu de ce champ est affiché sous forme d'info-bulle lors du survol du nom de la règle dans la liste des règles.

➔ Validez l'ajout en cliquant sur le bouton **Ajouter**.

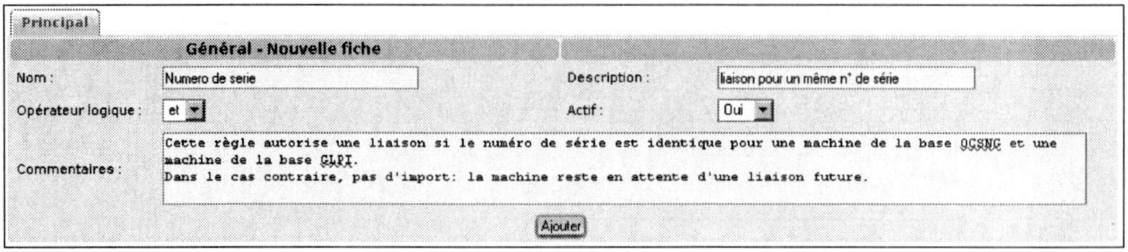

1. Définition des critères

Les éléments sur lesquels se basent les critères sont :

Chercher les ordinateurs dans GLPI dont le statut est : ce champ permet de restreindre la règle à certaines machines de la base GLPI en fonction de leur statut. Ce critère ne s'applique donc bien sûr qu'en vue d'une liaison OCSNG.

Machine à importer : Adresse IP : en utilisant les expressions rationnelles dans le critère, vous pouvez définir des plages d'adresse et donc adapter les traitements en fonction des sous-réseaux. Ce champ peut également servir de critère de rapprochement entre une machine OCSNG et une machine GLPI. Vous pouvez enfin utiliser ce critère pour exclure l'importation de certaines machines.

Machine à importer : Adresse MAC : ce champ est rarement saisi manuellement dans la base GLPI. Toutefois, si les machines ont été ajoutées à l'aide du plugin DataInjection à partir d'un fichier généré par le fournisseur, il se peut que cette information soit présente dans la base GLPI. Dans ce cas, ce critère peut permettre d'effectuer la liaison entre une nouvelle machine de la base OCSNG avec une machine de la base GLPI. Certains parcs informatiques hébergent des machines virtuelles ayant la même adresse MAC. Il est dans ce cas possible d'identifier ces machines pour les exclure des imports.

Machine à importer : Description : ce champ étant un champ libre, il peut vous permettre de personnaliser les traitements.

Machine à importer : Domaine : dans le cas d'un parc multidomaines, il est possible d'utiliser ce critère pour effectuer une distinction entre les machines et ainsi de restreindre les importations aux seules machines que l'on souhaite gérer par la suite.

Machine à importer : Nom de l'ordinateur : le nom de l'ordinateur peut vous être utile pour exclure des machines si vous utilisez un plan de nommage particulier. Ce champ peut également être utile pour effectuer un rapprochement entre les machines nouvelles de la base OCSNG et les machines de la base GLPI.

Machine à importer : Numéro de série : le numéro de série est souvent utilisé pour établir la correspondance entre les machines de la base OCSNG et celles de la base GLPI.

Machine à importer : Sous-réseau : le sous-réseau permet de définir des plages d'adresses à exclure de l'importation.

Machine à importer : TAG OCSNG : le TAG OCSNG est un indicateur intéressant pour exclure des machines de l'importation.

Machine à importer : entité de destination de la machine : ce critère permet d'exclure des ordinateurs en fonction de leur entité de destination. Cette entité est calculée dans les **Règles d'affectation d'un ordinateur à une entité**.

Serveur OCSNG : le serveur d'origine de la machine importée peut être un critère d'exclusion des machines à importer.

Chacun de ces éléments peut être filtré de manière très fine grâce à de nombreux connecteurs.

Le principal dans le cadre de la configuration des liaisons est « **existe dans la base GLPI** ». Ce connecteur permet de vérifier que l'un des paramètres de la machine présente dans la base OCSNG est déjà présent sur une machine de la base GLPI. Ce connecteur permet donc d'effectuer le rapprochement entre deux machines identiques présentes dans les deux bases, et d'effectuer la liaison. Il est également possible de saisir une valeur spécifique, pour par exemple exclure un type de machines de l'import.

*Ne pas oublier de cliquer sur le bouton **Ajouter** pour valider la définition du critère avant de définir une action.*

Cette fonctionnalité permet de se passer complètement du paramètre de configuration du mode OCSNG permettant d'exclure les machines possédant un TAG OCSNG donné.

2. Définition des actions

Les actions disponibles sont :

Ignorer l'import : cette action exclut l'importation des machines qui correspondent au critère.

Liaison OCSNG/Liaison si possible, sinon import : cette action est celle qui permet d'alimenter au maximum la base de données. Une recherche en vue du rapprochement de la machine à importer de la base OCSNG avec une machine de la base GLPI est effectuée. Dans le cas où une machine correspond, la liaison est mise en place en créant un enregistrement dans la table de liaison des id OCSNG et des id GLPI, et les données de la base GLPI sont complétées avec les données de la base OCSNG pour cette machine. Dans le cas contraire, la machine est simplement importée comme une nouvelle machine et ajoutée à la base GLPI.

Liaison OCSNG/Liaison si possible, sinon pas d'import : cette action est la plus sécurisée car elle n'autorise que les liaisons entre machines ; ainsi si les critères de correspondance entre les machines à importer et les machines de la base GLPI non associées à des machines de la base OCSNG ne sont pas établis, il n'y a pas d'import. Il n'y a donc pas risque de se retrouver avec des doublons de machines (l'une créée dans GLPI et la même importée depuis OCSNG car la liaison n'aurait pas été réalisée).

L'exemple ci-dessous définit une règle en vue de la liaison des machines basée sur le numéro de série des machines :

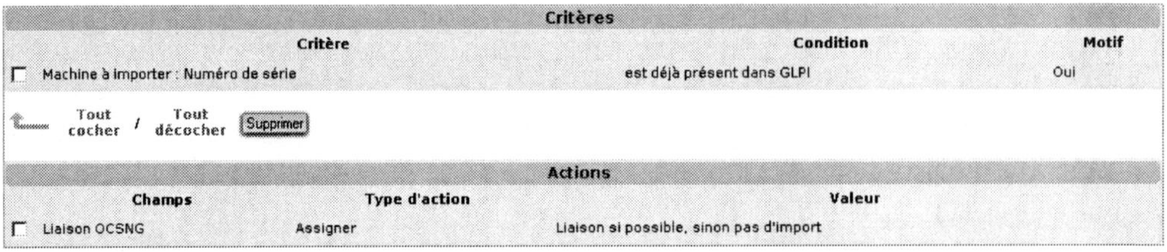

Par rapport aux versions précédentes de GLPI, le basculement du paramétrage des relations entre OCSNG et GLPI sous forme de règles permet une plus grande précision et une automatisation des fonctions de synchronisation, de liaison et d'import.

I. Les actions automatiques

Cette partie ne va pas s'attacher à vous présenter l'ensemble des actions automatiques présentes dans GLPI. Vous retrouverez la présentation de certaines d'entre elles au fil de la lecture de ce livre.

1. L'action automatique OCSNG

Cette action permet de lancer automatiquement la synchronisation entre votre base GLPI et votre (vos) base(s) OCSNG.

➔ Placez-vous dans le menu **Administration - Actions automatiques**.

➔ Cliquez sur **ocsng (Synchronisation des matériels depuis OCSNG)**.

La description de l'action s'ouvre sous la forme de données générales et de deux onglets :

Données générales

En plus du **Nom**, de la **Description** et des **Commentaires** vous avez accès à :

Fréquence d'exécution : par pas de cinq minutes sur la première heure, puis par heure pendant les 24 premières heures, puis par jour sur la première semaine et enfin toutes les semaines ou tous les mois. Ce paramètre définit l'intervalle de temps entre deux exécutions de la tâche.

Statut de l'action automatique : permet de passer celle-ci du mode **Programmée** au mode **Désactivée** et inversement.

Mode d'exécution de l'action automatique : la valeur **GLPI** indique que l'exécution se passe en s'appuyant sur les tâches pseudo cron de GLPI. Le pseudo cron s'appuie sur la présence dans le code de l'application de déclencheurs d'actions automatiques. Ainsi, plus vous utilisez l'application, plus vous allez déclencher d'actions automatiques. A contrario, la valeur **CLI** indique que l'exécution s'appuie sur une vraie tâche cron tournant sur le serveur, permettant une exécution à un rythme régulier et prédéfini.

Plage horaires d'exécution : ce paramètre permet de restreindre la plage horaire pendant laquelle l'action automatique s'exécute.

Temps en jours de conservation des journaux : ce paramètre permet de régler le niveau d'historisation lié à l'action automatique. Ce paramètre est indépendant des autres niveaux d'historisation.

Cet écran vous renseigne également sur la date de la dernière exécution de l'action, sur sa prochaine échéance programmée, et vous permet de la déclencher immédiatement à l'aide du bouton **Exécuter**.

Onglet Statistiques

Les données présentées ici vous renseignent sur l'aspect quantitatif des exécutions, en indiquant le nombre d'exécutions de la tâche.

Onglet Journaux

Il vous permet de visualiser l'aspect qualitatif des échanges entre GLPI et OCSNG. Chaque exécution de l'action automatique est listée et cliquable. Le détail présente les différents échanges entre les serveurs OCSNG et GLPI ainsi que les éléments mis à jour, liés et importés.

2. Le mode CLI

Ce mode de fonctionnement impose d'avoir installé php-cli.

Il faut ensuite utiliser le système de tâches planifiées de votre système d'exploitation pour déclencher l'exécution du fichier qui pilote l'exécution des actions automatiques.

Sur un serveur Linux : la tâche planifiée sera ajoutée dans une crontab. Par exemple sur un serveur Ubuntu la ligne ajoutée sera :

```
*/10 * * * * /usr/bin/php5 /var/www/glpi/files/front/cron.php
```

Cette syntaxe est éventuellement à adapter en fonction de votre distribution.

Cette commande indique que toutes les dix minutes le fichier cron.php sera exécuté.

Sur un serveur Windows : vous devez utiliser le Gestionnaire de tâches planifiées.

Créez une tâche en définissant sa périodicité et appliquez-lui une commande qui lance l'exécutable php.exe et le fichier cron.php (en notant les deux fichiers avec leur chemin complet et dans la même ligne de commande, séparés par un espace).

Chapitre 3
Les règles d'affectation des ordinateurs dans les entités

A. Introduction

Vous venez de découvrir comment alimenter votre base de données GLPI à partir des données d'un ou plusieurs serveurs OCSNG.

Vous allez découvrir dans ce chapitre comment, lors de l'import de nouvelles machines, faire en sorte que celles-ci soient directement placées dans la bonne entité de destination.

Vous allez pour cela utiliser des règles.

➔ Placez-vous dans le menu **Administration - Règles**.

➔ Cliquez sur le menu **Règles d'affectation d'un ordinateur à une entité**.

La liste des règles s'affiche.

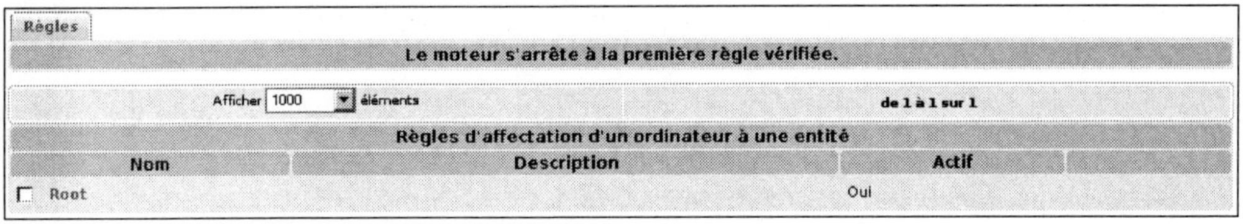

Il existe une règle par défaut, appelée règle **Root**.

➔ Cliquez sur le nom de la règle, sa description s'ouvre.

Cette règle définit que, quel que soit le **TAG OCSNG** de la machine importée :

```
TAG OCSNG est *
```

celle-ci sera placée dans l'**Entité Racine** :

```
Entité Assigner Entité racine
```

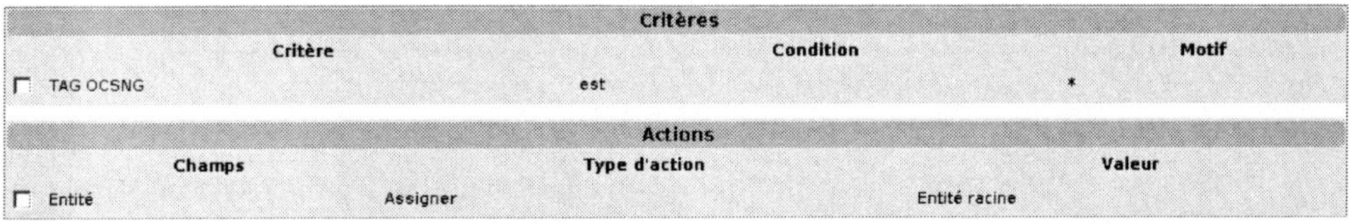

cette règle s'appliquera donc à toutes les machines importées.

Les règles d'affectation s'exécutent dans l'ordre dans lequel elles sont classées et leur exécution s'arrête à la première règle validée. Vous devrez donc veiller à placer cette règle **Root** en dernière position de la liste. Ainsi, cette règle placera les machines qui auront échappé aux autres règles dans l'**Entité racine**.

Afin de présenter les règles de façon progressive, vous allez découvrir dans un premier temps une série de règles basiques qui traitent les machines à importer de manière simple mais efficace. Il s'agit ici de créer au moins une règle par entité de destination. Cette méthode est cependant longue à mettre en place et difficile à maintenir dans le cas d'une réorganisation des structures de votre société.

Vous découvrirez ensuite les possibilités offertes par les expressions régulières et leur association à l'utilisation des TAG OCSNG pour orienter les machines vers leurs entités de destination en une seule règle. Cette méthode présente une grande souplesse d'utilisation. L'exemple proposé est basé sur le TAG OCSNG, mais rien ne vous empêche de baser ces requêtes utilisant les expressions rationnelles sur un autre élément distinctif s'il existe dans les données contenues dans la base OCSNG.

B. Les règles basiques

Les règles de base sont simples à comprendre et à relire. Elles nécessitent en revanche un travail de maintenance accru lors de l'évolution de la structure de l'entreprise.

Vous allez commencer par créer les règles de répartition des machines de l'entité France et de ses sous-entités.

Chacune de ces règles comprendra un critère sur le serveur d'origine de la machine (ici localhost).

Dans notre exemple le plan d'adressage de la société permet de localiser chaque machine en fonction de l'appartenance de son adresse IP à un sous-réseau donné.

Le second critère s'appuiera donc sur l'adresse IP de la machine pour la comparer à chaque sous-réseau.

Enfin, une règle Root_France, se s'appuiera que sur le premier critère (serveur OCSNG localhost) pour récupérer les machines en provenance de ce serveur, mais dont l'adresse IP appartiendrait à un sous-réseau non traité par les autres règles.

Il s'agit ici d'un exemple, mais les règles pourraient également s'appuyer sur le nom des machines si celui-ci contient un élément distinctif (ex : Fr_Nan_PC_00215), ou sur le TAG OCSNG si celui-ci est propre à chaque implantation...

Pour créer de nouvelles règles :

Si vous étiez dans la description de la règle **Root** :

➜ Cliquez sur le bouton **Liste** (au-dessus de l'onglet **Principal**).

➜ Cliquez sur le bouton **Ajouter**.

➜ Donnez un **nom** à cette règle (ici **Fr_Lille**).

➜ Rendez-la **Active**.

➜ Ajoutez éventuellement une **Description** et des **Commentaires**.

➜ Validez la création en cliquant sur le bouton **Ajouter**.

➜ Ajoutez un premier critère :

```
Serveur OCSNG est localhost
```

➜ Ajoutez un second critère :

```
Sous-réseau est 192.168.17.0
```

Dans le cas où l'entité **Lille** aurait couvert une plage complète d'adresse de classe D, il aurait été possible d'avoir un critère :

```
Adresse IP commence par 192.168.17.
```

De même en utilisant une expression rationnelle il serait possible de traiter l'adresse IP sous la forme :

```
Adresse IP expression rationnelle vérifie /(192.168.17.*)/
```

Cette dernière forme permet de définir un critère en traitant le contenu sous forme d'une chaîne de caractères. Il est donc possible de traiter le critère de façon beaucoup plus précise.

➔ Saisissez ensuite l'action :

```
Entité Assigner >>Lille
```

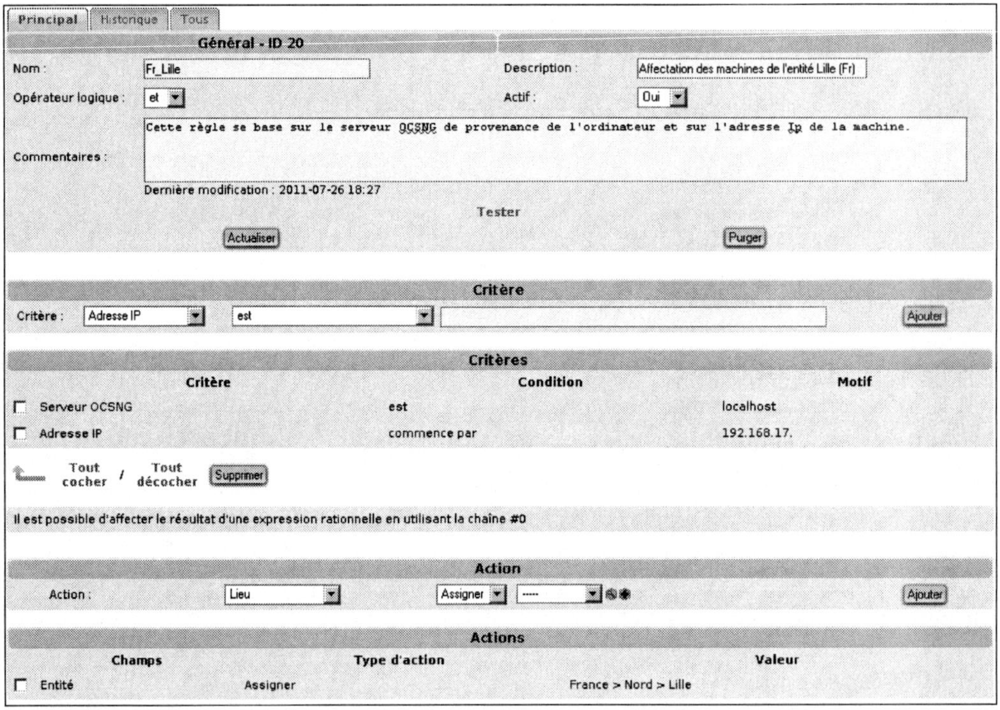

➔ Renouvelez la création des règles pour les entités de **Rouen**, **Reims**, **Nantes**, **Rennes** et **Le Mans**.

➔ Créez enfin une règle **Root_France**. Le but de cette règle est d'affecter à la racine de l'entité **France** toutes les machines qui seront importées depuis le serveur **localhost** mais qui n'auront pas été affectées par l'une des règles précédentes. Vous retrouverez ainsi à la racine de cette entité des machines qui vous imposeront de créer de nouvelles règles afin de couvrir l'ensemble des cas à traiter.

Cette règle a comme critère :

```
Serveur OCSNG est localhost
```

et comme action :

```
Entité Assigner France
```

Pour revenir à la liste des règles :

➔ Cliquez sur le bouton **Liste** au-dessus de l'onglet **Principal**, ou bien cliquez sur le bouton **Rechercher** dans la barre de menu.

Vous devez maintenant classer les différentes règles pour que les règles **Root_France** et **Root** s'exécutent en dernier.

Pour déplacer une règle dans la liste, vous pouvez :

- soit utiliser les flèches dans la colonne de droite du tableau.
- soit cocher la règle à déplacer et utiliser la liste déroulante en bas du tableau, pour définir l'emplacement cible de cette règle par rapport aux autres règles de la liste (placer la règle sélectionnée avant/après telle autre règle).

Pour couvrir l'ensemble du parc informatique de la société, vous devrez renouveler l'opération pour les entités espagnoles et allemandes en créant pour chacune une règle **Root_Spain** et **Root_Deutschland**.

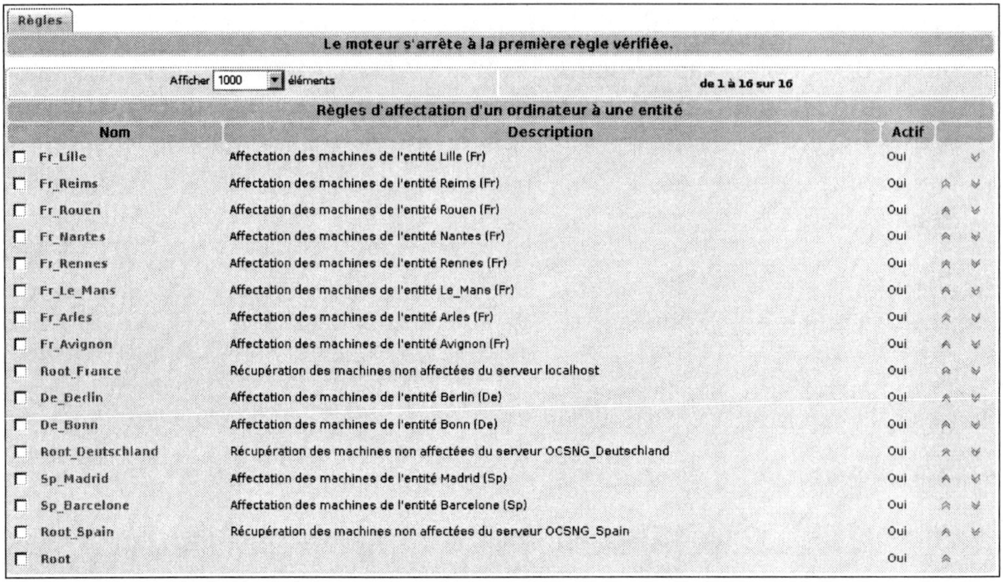

*Après les opérations d'import, la présence de machines dans les entités **France**, **Espagne**, **Allemagne** et **Racine** indiquerait que des machines sont passées au travers des différentes autres règles. Il conviendrait alors de vérifier les paramètres de ces machines et d'adapter les critères.*

C.L'utilisation des expressions rationnelles

Vous venez de découvrir comment gérer les imports à l'aide de nombreuses règles.

GLPI offre une alternative beaucoup plus souple, en s'appuyant sur des expressions rationnelles. L'exemple ici utilisé pour illustrer les expressions rationnelles s'appuie sur les TAG OCSNG. Cette méthode impose de gérer cette donnée en amont, lors de l'application d'un TAG spécifique aux machines de chaque entité au moment du déploiement de l'agent OCSNG sur les machines.

Chaque machine ayant été configurée avec un TAG représentant son entité d'appartenance, vous allez maintenant pouvoir créer une règle précisant que pour chaque machine importée, GLPI :

- ira lire le TAG de la machine.
- le comparera avec un champ de chaque entité de sa base.
- et que s'il trouve la même valeur, il affectera cette machine dans l'entité correspondante.

La première étape va donc consister dans le renseignement du TAG de chaque entité afin que GLPI puisse effectuer la comparaison.

➔ Placez-vous dans le menu **Administration - Entités**.

➔ Sélectionnez l'entité **Lille**.

➔ Placez-vous dans l'onglet **Informations avancées**.

➔ Renseignez le champ **Information de l'outil d'inventaire (TAG) représentant l'entité** avec la valeur **Lille**.

➔ Validez la modification en cliquant sur le bouton **Actualiser**.

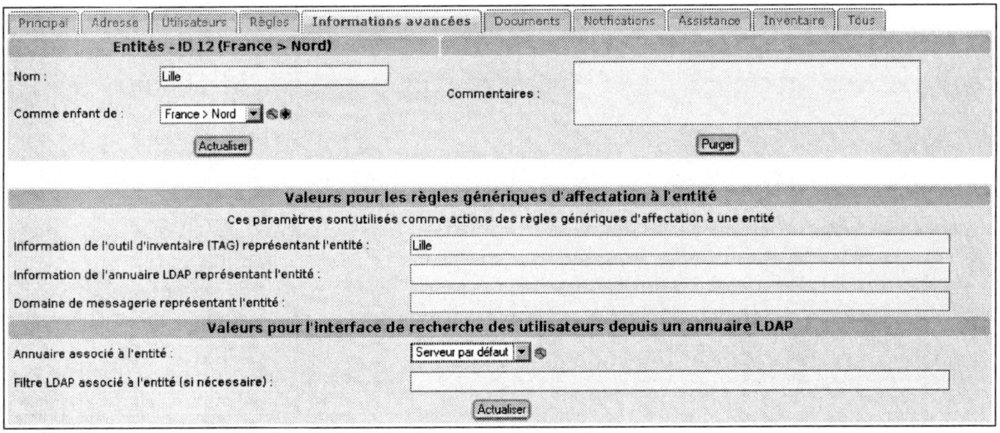

➔ Renouvelez l'opération pour chaque entité.

Vous allez maintenant pouvoir créer la règle qui permettra d'affecter automatiquement les machines dans l'entité dont le TAG est identique au TAG OCSNG de la machine :

➔ Placez-vous dans le menu **Administration - Règles**.

➔ Cliquez sur le menu **Règles d'affectation d'un ordinateur à une entité**.

➔ Cliquez sur le bouton **Ajouter**.

➔ Donnez un nom à la règle (par exemple **Répartition par TAG**).

➔ Complétez éventuellement les champs **Commentaires** et **Description**.

➔ Rendez la règle active en plaçant le champ correspondant sur **Oui**.

➔ Validez la création en cliquant sur le bouton **Ajouter**.

➔ Dans la définition de la règle, ajoutez le critère :

```
TAG OCSNG  Expression rationnelle vérifie   /(.*)/
```

et comme action :

```
Entité depuis TAG Assigner valeur depuis expression rationnelle #0
```

Cette règle récupère la valeur du TAG OCSNG dans une expression régulière.

➔ Placez cette règle en tête de la liste des règles.

L'expression /(.)/ récupère l'ensemble de la valeur du TAG. Il serait également possible d'effectuer une recherche dans le libellé du TAG si par exemple il était de la forme Pays,Ville. L'expression régulière serait alors /.*,(.*)$/ .*

Le résultat de l'expression régulière est ensuite récupéré sous la forme du paramètre #0. Ce paramètre est ensuite réutilisé pour l'affectation de la machine dans l'entité dont le TAG lui correspond.

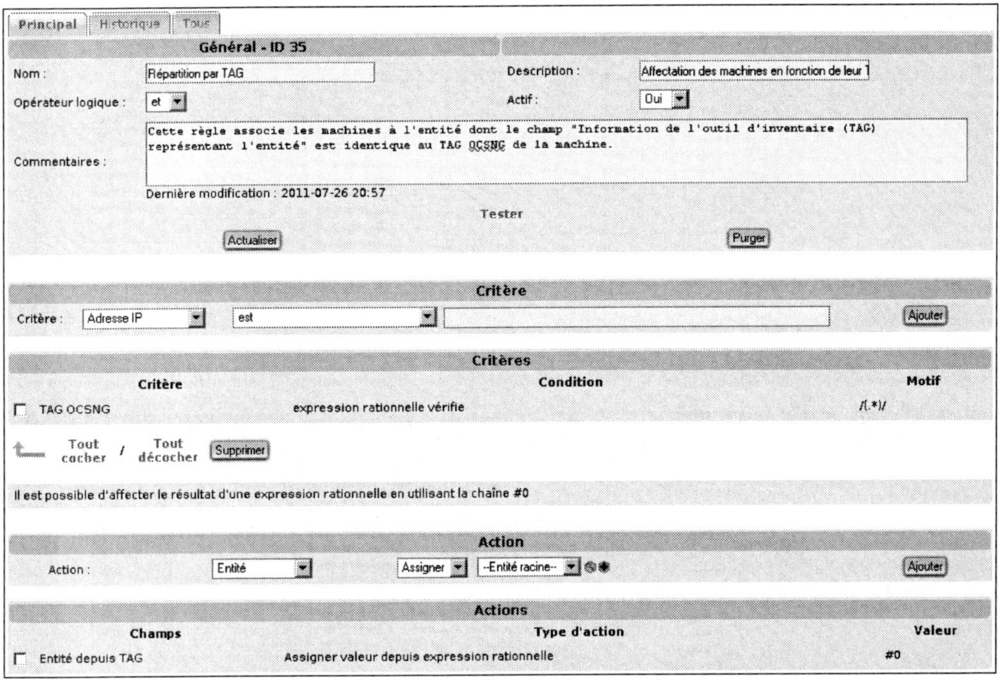

Vous pouvez cumuler les deux types de règles afin de couvrir le cas des machines dont le TAG OCSNG n'est pas renseigné.

Un des intérêts majeurs de cette méthode de répartition des machines réside dans sa simplicité de maintenance.

Cet exemple utilise le TAG OCSNG de la machine importée. D'autres types de règles utilisant les expressions rationnelles sont possibles : utilisation du nom de la machine si un plan de nommage impose un élément distinctif dans le nom : LILLE_0001, ROUEN_0007... Dans ce cas l'expression rationnelle récupérera la partie du nom se trouvant devant le signe _.

Chapitre 4
La gestion des éléments de l'inventaire

A. La création des éléments de l'inventaire

La création des éléments de l'inventaire est décrite finement pour l'ajout de machines, dans le chapitre La liaison avec une base OCSNG - Lier de nouveaux ordinateurs à des ordinateurs existants.

Le principe reste le même pour les autres éléments de l'inventaire.

L'ajout de nouveaux éléments peut s'appuyer sur les gabarits pour les éléments suivants : **Ordinateurs**, **Moniteurs**, **Logiciels**, **Réseaux**, **Périphériques**, **Imprimantes** et **Téléphones**. Pour rappel, un gabarit permet de simplifier l'ajout de nouveaux éléments dans la base de données, en préremplissant les champs communs à plusieurs éléments nouveaux.

L'ajout de nouveaux éléments d'inventaire peut également s'appuyer sur l'injection de données à l'aide du plugin DataInjection et d'un fichier .csv.

B. Déplacement d'un élément de l'inventaire

1. Déplacement manuel

Au cours de la vie de votre parc informatique, il peut arriver que vous ayez besoin de déplacer un ou plusieurs éléments de l'inventaire. L'action de déplacer correspond au changement d'entité d'appartenance d'un élément de votre inventaire. Cette action n'est bien sûr possible que pour les utilisateurs possédant des droits en écriture sur l'élément à déplacer (droits du profil) et ayant ce droit positionné à la fois sur l'entité de départ et sur l'entité de destination.

Nous prendrons ici l'exemple du déplacement d'un ordinateur, mais le principe reste strictement le même pour tous les éléments de l'inventaire.

➔ Placez-vous dans l'entité dans laquelle se trouve l'élément à déplacer.

➔ Placez-vous dans le menu **Inventaire - Ordinateurs**.

La liste des ordinateurs s'affiche.

- Sélectionnez l'ordinateur (ou les ordinateurs) à déplacer en cochant la case présente dans la première colonne.

*Vous pouvez également sélectionner les machines au travers d'une recherche et cocher l'ensemble des ordinateurs issus de cette recherche en cliquant sur le bouton **Tout cocher** présent en bas de la page.*
*Attention, vous devez veiller à ce que le nombre d'éléments affichés couvre la totalité des ordinateurs concernés par le résultat de la recherche. Dans le cas contraire, seuls les ordinateurs affichés à l'écran seront pris en compte par l'action **Tout cocher**.*

Après avoir sélectionné les ordinateurs :

- Choisissez l'option **Transférer** dans la liste des actions disponibles sous la liste des ordinateurs.

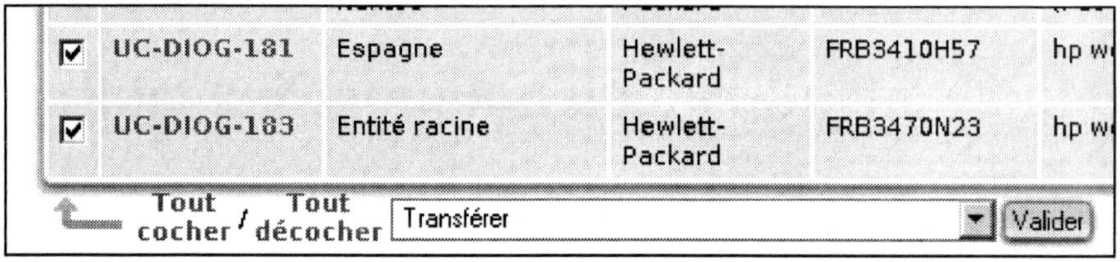

- Validez le choix.

Un écran présentant la liste des machines à déplacer s'affiche.

En haut de cet écran, une liste déroulante permet de choisir le **Mode de transfert**.

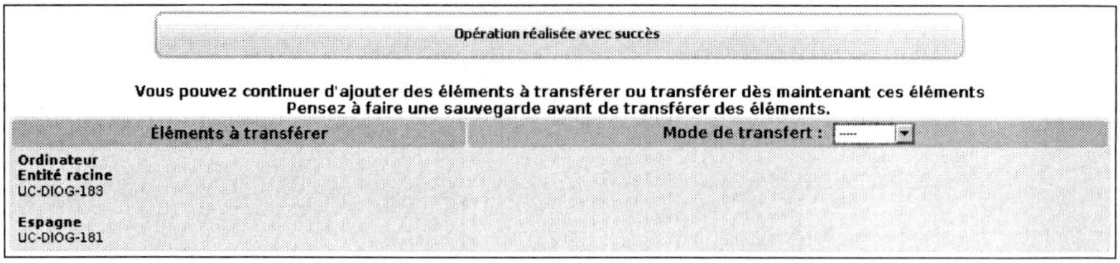

Par défaut, il existe un mode de transfert nommé **complete** :

Ce mode permet de conserver l'ensemble des données de l'élément à déplacer.

Il est possible de définir d'autres modes de transfert, comme par exemple pour transférer des machines vers une entité destinée aux machines réformées. Dans ce cas il n'est pas nécessaire de conserver l'intégralité des informations concernant le matériel. Les informations sur les connexions, les logiciels installés, etc. peuvent être supprimées. La gestion et la définition des modes de transfert se font dans le menu ***Administration - Transfert****.*

→ Sélectionnez le mode de transfert **complete**.

La liste des informations conservées ou supprimées est affichée. Vous pouvez éventuellement choisir de modifier certaines options.

→ En haut de l'écran, choisissez l'entité de destination.

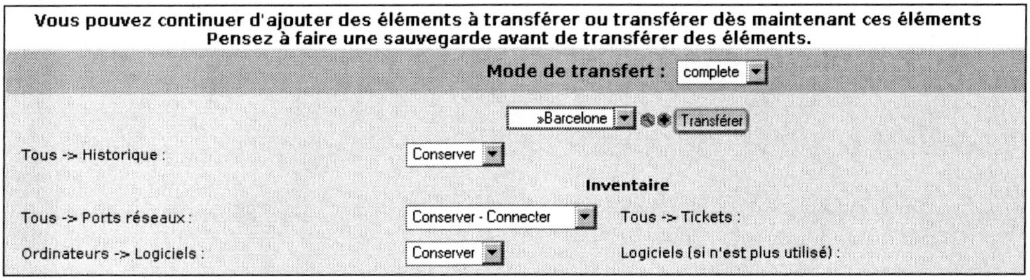

→ Validez l'opération en cliquant sur le bouton **Transférer**.

Les ordinateurs sont alors déplacés dans l'entité de destination sélectionnée.

2. Transfert automatique

Cette possibilité n'existe que pour les ordinateurs. Si vous avez défini des **Règles d'affectation d'un ordinateur à une entité**, il est possible de faire en sorte que ces règles s'appliquent aux ordinateurs dont un critère est modifié. Dans ce cas, la nouvelle entité de destination est calculée et l'ordinateur déplacé dans cette nouvelle entité.

Pour activer cette fonction :

→ Placez-vous dans le menu **Configuration - Générale**, onglet **Inventaire**.

➜ Dans la section **Transfert automatique d'ordinateurs**, choisissez le **Modèle pour le transfert automatique d'ordinateurs dans une autre entité**.

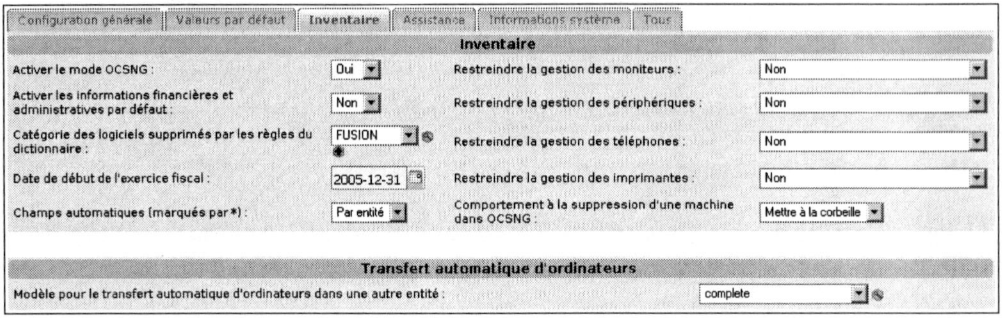

➜ Sauvegardez les modifications de la configuration en cliquant sur le bouton **Valider**.

C.Mise à jour de données

1. Modifications massives

Il est possible de modifier des données concernant les éléments de l'inventaire. Vous pouvez bien sûr modifier ces données directement dans la fiche de l'élément présent dans la base.

GLPI vous offre la possibilité de modifier une donnée pour plusieurs éléments de l'inventaire à la fois. On parle alors de modification massive.

Comme pour le déplacement d'un élément d'inventaire, l'exemple ci-dessous concerne la modification massive de données d'ordinateurs. Le principe reste le même pour les autres éléments inventoriés.

➜ Placez-vous dans le menu **Inventaire - Ordinateurs**.

➜ Sélectionnez les machines sur lesquelles vous souhaitez apporter une modification en cochant la case devant les ordinateurs concernés (comme pour la fonction de transfert, il est possible de filtrer les machines concernées à l'aide d'une recherche et de les sélectionner en cliquant sur le bouton **Tout cocher**).

Dans la liste déroulante sous la liste des machines :

➜ Sélectionnez le type de modification à apporter.

Les modifications massives permettent de :

a. Modifier le contenu d'un champ

➜ Choisissez le champ à modifier dans la liste qui s'affiche.

➜ Sélectionnez la nouvelle valeur à appliquer pour ce champ.

➜ Enregistrez la modification en cliquant sur le bouton **Valider**.

b. Activer les informations financières et administratives

Par défaut les informations financières et administratives des éléments de l'inventaire (onglet Gestion) ne sont pas activées. Ce choix permet d'activer la fonction pour les éléments sélectionnés.

Si vous souhaitez activer cette fonction pour l'ensemble des éléments de l'inventaire, vous devez modifier la configuration générale de GLPI :

➜ Ouvrez le menu **Configuration - Générale**.

➜ Choisissez l'onglet **Inventaire**.

➜ Placez le champ **Activer les informations financières et administratives par défaut** sur **Oui**.

➜ Enregistrez la modification en cliquant sur le bouton **Valider**.

c. Supprimer des machines

Cette manipulation s'effectue en deux temps. Les machines sont dans un premier temps placées dans la corbeille, puis il faut les supprimer de la corbeille. Pour supprimer définitivement des ordinateurs :

➜ Sélectionnez les ordinateurs concernés.

➜ Choisissez **Supprimer** dans la liste déroulante.

➔ Cliquez sur le bouton **Valider**.

Les ordinateurs sont maintenant placés dans la corbeille.

➔ Affichez le contenu de la corbeille en cliquant sur le bouton **Voir la corbeille**.

➔ Sélectionnez les machines (vous pouvez utiliser le bouton **Tout cocher** en bas de l'écran pour sélectionner tous les éléments de la liste).

➔ Choisissez l'option **Purger** dans la liste déroulante en bas de la page.

➔ Cliquez sur le bouton **Valider** pour vider définitivement la corbeille (pour information, l'option **Restaurer** permet de récupérer les éléments sélectionnés de la corbeille).

➔ Cliquez sur le bouton **Sortir de la corbeille** pour revenir à l'affichage normal (vous pouvez également réinitialiser la recherche en cliquant sur le bouton **Raz**).

d. Ajouter un document

Cette fonction permet d'associer un document à tous les éléments sélectionnés.

Les documents doivent déjà être présents dans la base de données.

e. Ajouter un contrat

Cette fonction permet d'associer un contrat à tous les éléments sélectionnés.

Comme pour les documents, les contrats doivent déjà être présents dans la base de données.

f. Transférer

Cette fonction permet de déplacer les éléments d'inventaire sélectionnés dans une autre entité.

g. Connecter

Cette fonction permet d'associer des éléments d'inventaire entre eux :

- Connecter une imprimante, un moniteur, un périphérique ou un téléphone aux ordinateurs sélectionnés.
- Connecter un ordinateur aux moniteurs sélectionnés.
- Connecter un ordinateur aux périphériques sélectionnés.
- Connecter un ordinateur aux imprimantes sélectionnés.
- Connecter un ordinateur aux téléphones sélectionnés.

➔ Sélectionnez les ordinateurs concernés.

➔ Choisissez **Connecter** dans la liste déroulante.

➔ Choisissez le type d'élément d'inventaire à associer (**Imprimante**, **Moniteur**, **Périphérique** ou **Téléphone**).

➔ Sélectionnez l'élément à associer.

➔ Cliquez sur le bouton **Valider**.

h. Installer

Permet l'ajout d'un logiciel dans la liste des logiciels installés pour les ordinateurs sélectionnés :

➔ Sélectionnez les ordinateurs concernés.

➔ Choisissez **Installer** dans la liste déroulante.

➔ Choisissez le logiciel concerné dans la liste des logiciels qui s'affiche.

➔ Choisissez **Installer** ou **Désinstaller** dans la dernière liste qui s'affiche.

➔ Cliquez sur le bouton **Valider**.

Attention l'action Installer, ou encore Désinstaller, n'a aucune action réelle sur l'ordinateur concerné. Une installation ou une désinstallation de logiciel sert à gérer le stock de licences de ce logiciel.

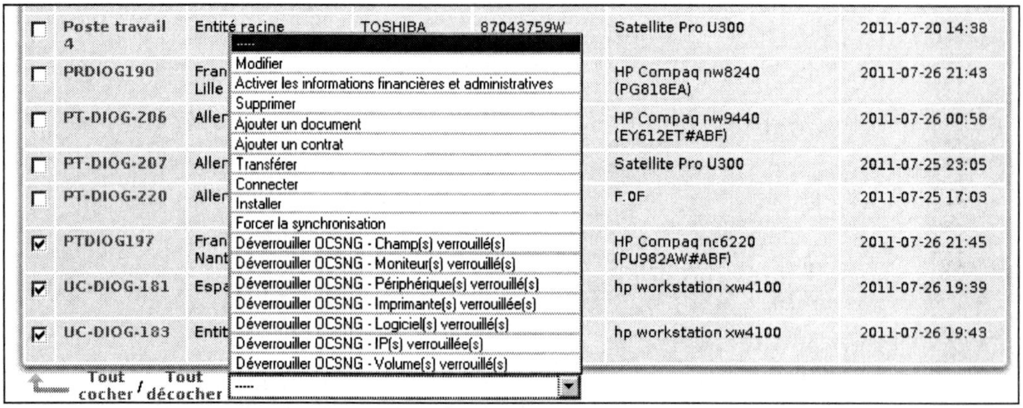

2. Champs verrouillés/déverrouillage

Lorsque vous modifiez une donnée directement dans GLPI, celle-ci n'est plus concernée par les synchronisations avec les données de la base OCSNG. Ce mode de fonctionnement est naturellement indispensable afin de vous permettre de rester maître des données de votre base. On dit alors que le champ contenant une donnée modifiée est **Verrouillé**.

➔ Placez-vous dans le menu **Inventaire - Ordinateurs**.

➔ Ouvrez la fiche d'un ordinateur.

➔ Modifiez une valeur de la fiche de l'ordinateur (vous pouvez par exemple modifier le champ **Numéro de série**).

➔ Validez la modification en cliquant sur le bouton **Actualiser**.

➔ Placez-vous dans l'onglet **OCSNG**.

➔ Le champ **Numéro de série** est noté comme **verrouillé**.

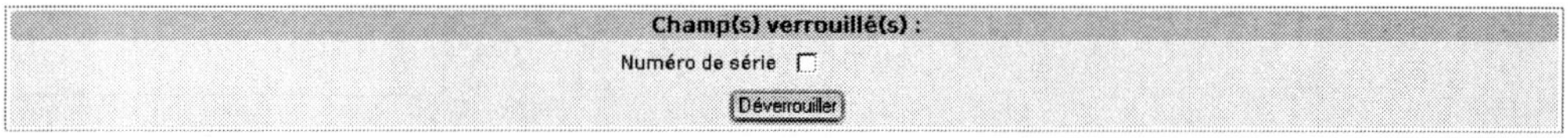

Si vous cliquez sur le bouton **Forcer la synchronisation**, les données sont mises à jour à partir des données présentes sur le serveur OCSNG, sauf pour les champs verrouillés.

Pour déverrouiller des données verrouillées :

➔ Cochez les cases correspondant aux éléments que vous souhaitez déverrouiller.

➔ Cliquez sur le bouton **Déverrouiller**.

Les données peuvent maintenant être remises à niveau à partir des données de la base OCSNG.

➔ Cliquez sur le bouton **Forcer la synchronisation**.

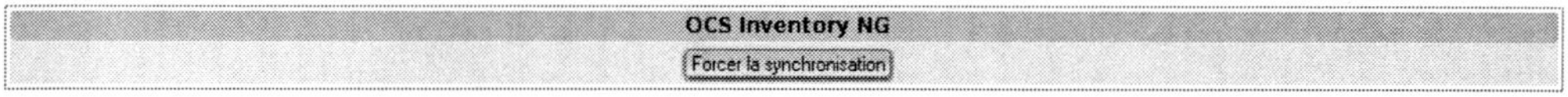

Vos données sont remises à niveau.

Il est également possible d'accéder aux fonctions de déverrouillage des données et de forcer les synchronisations dans la liste des actions de modifications massives.

D.Les intitulés

Cette fonction permet de gérer l'ensemble des tables utilisées pour alimenter les listes déroulantes que vous retrouvez dans les éléments de l'inventaire.

1. Accès depuis la fiche d'un élément de l'inventaire

Deux boutons permettent d'accéder directement à la gestion de ces tables :

Le bouton **Gérer** permet d'accéder directement aux éléments de la table correspondant à l'intitulé.

Si un élément est déjà sélectionné dans la liste déroulante :

- Le clic sur le bouton provoque l'affichage de la fiche détaillée de cet élément.
- Le survol de ce bouton affiche en info bulle les données principales de cet élément.

Si aucun élément de la liste déroulante n'est sélectionné, le clic sur le bouton provoque l'affichage de la liste des éléments de la table.

Le bouton **Ajouter** permet d'accéder directement au formulaire d'ajout d'un nouvel élément dans la table.

2. Accès par le menu dédié à la gestion des intitulés

➔ Placez-vous dans le menu **Configuration - Intitulés**.

➔ Sélectionnez la table à gérer dans la liste déroulante.

*Vous pouvez aussi cliquer sur le bouton **Voir tous** pour afficher la liste de toutes les tables.*

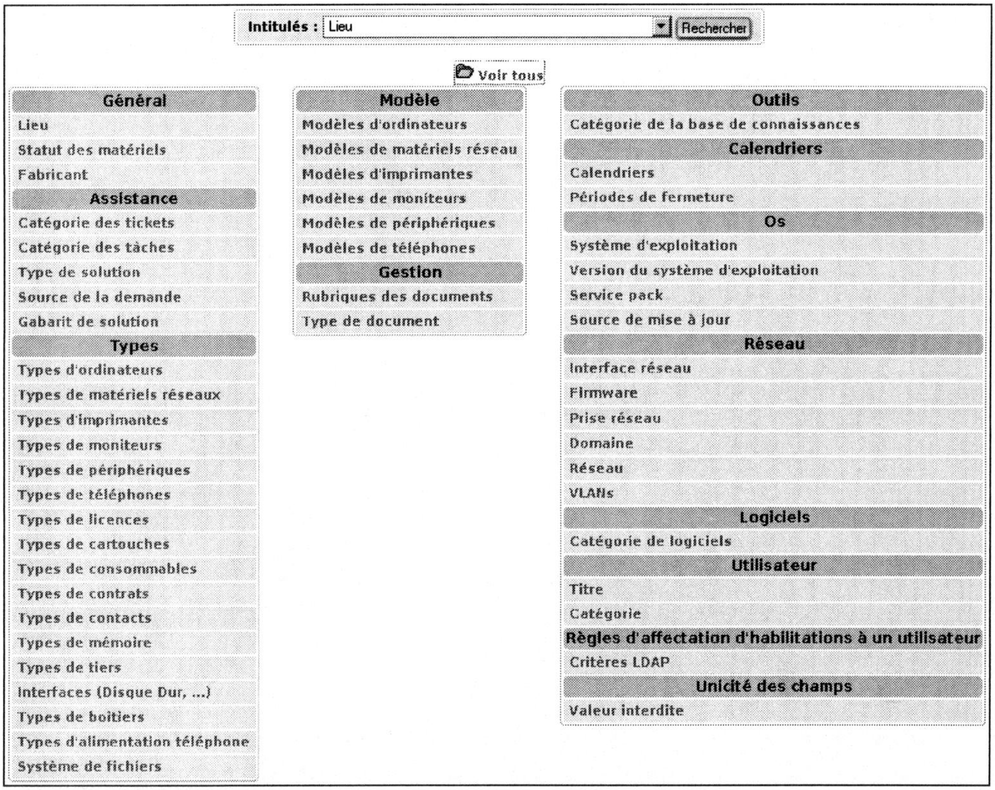

Il est possible de distinguer deux approches dans la construction de la liste d'éléments :

- La présence ou non d'une hiérarchie dans les listes :
  - Des tables ont une gestion hiérarchique et permettent de gérer une arborescence d'intitulés comme par exemple dans la table **Catégorie de tickets** : il est ici possible de créer des catégories de premier niveau, puis des sous-catégories, et ceci sans limitation du nombre de niveaux d'arborescence.

	△Nom complet	Entité	Sous-entités
☐	logiciel	Entité racine	Oui
☐	logiciel > bureautique	Entité racine	Oui
☐	logiciel > bureautique > présentations	Entité racine	Oui
☐	logiciel > bureautique > tableur	Entité racine	Oui
☐	logiciel > bureautique > traitement de texte	Entité racine	Oui
☐	logiciel > messagerie	Entité racine	Oui
☐	logiciel > techniques	Entité racine	Oui
☐	logiciel > techniques > dessin	Entité racine	Oui
☐	logiciel > techniques > sig	Entité racine	Oui
☐	materiel	Entité racine	Oui
☐	materiel > imprimantes	Entité racine	Oui
☐	materiel > moniteurs	Entité racine	Oui
☐	materiel > ordinateurs	Entité racine	Oui
☐	moyens généraux	Entité racine	Oui
☐	moyens généraux > dépannage	Entité racine	Oui
☐	moyens généraux > ménage	Entité racine	Oui
☐	moyens généraux > mobilier	Entité racine	Oui
☐	moyens généraux > stationnement	Entité racine	Oui
☐	téléphonie	Entité racine	Oui

  - D'autres tables ont une gestion à plat comme par exemple le **Statut des matériels** : il n'y a pas d'arborescence.

	△Nom
☐	Commandé (non livré)
☐	Disparu (perdu ou volé)
☐	En maintenance (atelier)
☐	En maintenance (extérieur)
☐	En service
☐	En stock (non installé)
☐	Réformé

- Une gestion globale pour l'ensemble du parc, ou une gestion des libellés par entité :
  - Des tables ont une gestion globale comme par exemple la table **Statut des matériels.** Dans cette table tous les enregistrements sont gérés de manière globale pour l'ensemble du parc sans distinction relative aux entités. Cette simplicité d'utilisation impose en contrepartie d'uniformiser les pratiques de toutes les entités.

- D'autres tables sont gérées au niveau de chaque entité comme par exemple la table **Lieu**. Il faut donc veiller à créer les éléments dans la bonne entité. Il est possible de créer les éléments à un niveau plus haut et d'étendre la portée des éléments dans les sous-entités.

	△Nom complet	Entité	Commentaires
☐	Berlin Bat.A	Allemagne > Berlin	
☐	Berlin Bat.B	Allemagne > Berlin	
☐	Berlin Bat.C	Allemagne > Berlin	
☐	Bonn_direktion	Allemagne > Bonn	
☐	Bonn_direktion > Atelier	Allemagne > Bonn	
☐	Bonn_direktion > Niveau 0	Allemagne > Bonn	Accueil
☐	Bonn_direktion > Niveau 1	Allemagne > Bonn	Bureau d'étude
☐	Bonn_direktion > Niveau 2	Allemagne > Bonn	Comptabilité

*Les deux approches peuvent se cumuler : ainsi les tables **Lieu** et **Catégorie de tickets** fonctionnent par exemple sur ce principe et permettent une gestion distincte en fonction des entités. L'application de ce principe dans l'exemple de structure utilisé dans ce livre conduira à avoir des lieux organisés par niveaux d'entités les plus fins (au niveau de chaque ville), ces données étant indépendantes d'une entité à l'autre. En revanche, les catégories de tickets d'assistance pourront être créées au niveau de l'entité racine et appliquées à l'ensemble de la structure.*

E. Les composants

La gestion des composants fonctionne sur un principe similaire à celui des intitulés. Il s'agit d'un ensemble de tables servant à alimenter des listes déroulantes de description des éléments de l'inventaire.

Il ne s'agit en revanche ici que de tables de matériels classés par types (**Carte mère**, **Processeur**, **Carte réseau**, **Mémoire**, **Disque dur**, **Lecteurs**, **Contrôleurs**, **Carte graphique**, **Carte son**, **Boîtiers**, **Alimentation**, **Autres composants**). Ces tables sont principalement alimentées par les données en provenance des imports OCSNG.

Toutes ces tables ont un fonctionnement basique et leurs éléments sont tous placés au même niveau. Il n'y a pas de structure arborescente et toutes les tables sont communes à l'ensemble des entités.

Chapitre 5
Gestion

A. Introduction

Ce chapitre décrit les fonctions liées à la gestion financière de votre gestion de parc.

Par défaut, les informations financières des éléments de l'inventaire ne sont pas activées.

Lors de l'ajout d'une information dans un champ de l'onglet gestion, à l'aide d'une modification massive ou d'une injection de données, l'activation préalable n'est pas nécessaire.

Dans les autres cas vous devrez donc :

- Soit activer les informations financières dans l'onglet **Gestion** de chaque élément de l'inventaire, en cliquant sur le lien **Activer les informations financières et administratives**.

- Soit modifier ce paramétrage par défaut pour l'ensemble de la gestion de parc.

Pour effectuer cette modification :

➜ Placez-vous dans le menu **Configuration - Générale**.

➜ Placez-vous dans l'onglet **Inventaire**.

➜ Modifiez la valeur du paramètre **Activer les informations financières et administratives par défaut** en le positionnant sur **Oui**.

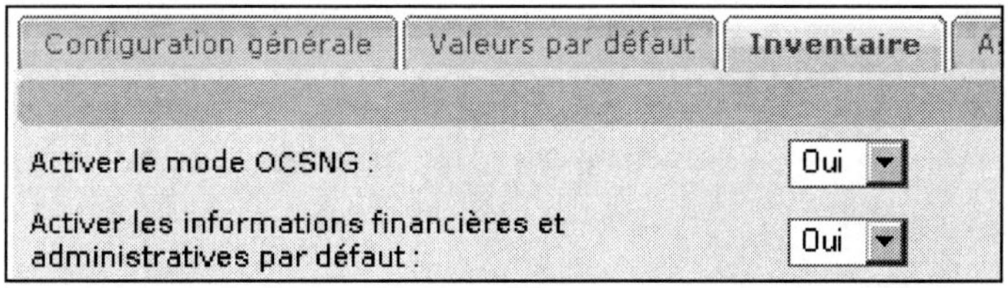

➜ Sauvegardez la configuration en cliquant sur le bouton **Valider**.

B. Les budgets

Il s'agit d'une fonction apparue avec la version 0.80. Elle permet de définir des budgets, de les associer à une entité ou à une arborescence d'entités.

> *Les éléments d'inventaires peuvent ensuite être affectés à un budget donné. Il est à noter que GLPI est un outil de gestion d'inventaire, il intègre donc certaines données financières, mais il n'est pas en revanche un outil destiné à établir un suivi comptable des acquisitions.*

1. Création des budgets

Pour créer un nouveau budget :

➔ Placez-vous dans l'entité dans laquelle vous souhaitez créer le budget.

➔ Placez-vous dans le menu **Gestion - Budgets**.

La liste des budgets s'affiche.

➔ Cliquez sur le bouton **Ajouter**.

La liste des gabarits disponibles est proposée.

> *Pour optimiser la création des budgets (en début de période comptable par exemple), il est possible de créer des gabarits ayant des champs **Date début** et **Date fin** identiques. La création de gabarits se fait à l'aide du bouton **Gérer Gabarits...***

➔ Choisissez un gabarit prédéfini ou bien un **Gabarit vide**.

➔ Donnez un **Nom** à votre budget.

➔ Définissez ensuite éventuellement une **Valeur**, ainsi qu'une période (**Date début** et **Date fin**).

➔ Définissez la portée du budget par rapport à la sous-arborescence d'entités.

➔ Validez en cliquant sur le bouton **Ajouter**.

Un message informant du succès de la création s'affiche.

Vous pouvez revenir à la fiche de ce budget en cliquant sur son nom.

De nouveaux onglets sont affichés. Ceux-ci vous permettront d'affiner le suivi de vos budgets. Ces onglets sont :

Documents : cet onglet permet d'associer des documents au budget.

Matériels : cet onglet liste les matériels dont le budget est le budget courant.

Liens : cet onglet permet de lancer un lien externe défini dans le menu **Configuration - Liens externes**.

Notes : cet onglet permet d'ajouter des informations propres au budget.

Historique : cet onglet recense les différentes modifications apportées à la définition du budget.

	Nom	Entité	Date début	Date fin	Valeur	Sous-entités
☐	Deutschland 2010	Allemagne	2010-01-01	2010-12-31	0.00	Oui
☐	Deutschland 2011	Allemagne	2011-01-01	2011-12-31	0.00	Oui
☐	France 2010	France	2010-01-01	2010-12-01	0.00	Oui
☐	France 2011	France	2011-01-01	2011-12-31	0.00	Oui
☐	Spain 2010	Espagne	2010-01-01	2010-12-31	0.00	Oui
☐	Spain 2011	Espagne	2011-01-01	2011-12-31	0.00	Oui

2. Utilisation des budgets

Le budget est une information financière présente pour chaque matériel.

La gestion des budgets se fait par entité (ou par entité et sous-arborescence) : les budgets disponibles pour un matériel sont donc ceux disponibles dans l'entité dans laquelle se trouve cet élément de l'inventaire.

Cette information peut être ajoutée directement dans l'onglet **Gestion** du matériel.

Elle peut également être ajoutée en utilisant une modification massive :

- Placez-vous dans l'entité (ou l'arborescence) dans laquelle se trouvent les éléments d'inventaire à modifier.
- Sélectionnez les éléments concernés par la modification.
- Sélectionnez l'action **Modifier**.
- Choisissez le champ **Budget**.
- Sélectionnez le budget souhaité.
- Cliquez sur le bouton **Valider**.

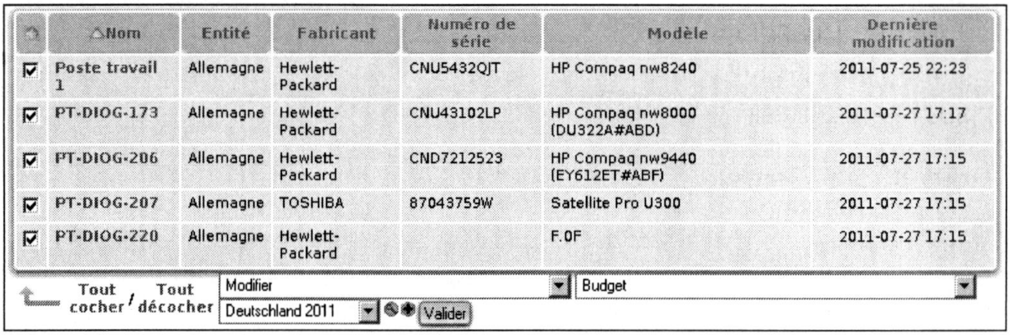

*Le budget peut être renseigné pour tous les éléments de l'inventaire. La synthèse présente dans la fiche du budget dans l'onglet **Matériels** ne présente que les matériels et pas les logiciels.*

C.Les fournisseurs

Il s'agit ici de gérer la table des fournisseurs.

Ceux-ci sont gérés par entité avec possibilité d'en étendre l'usage aux sous-entités. Il conviendra donc de créer les fournisseurs dans l'entité de niveau le plus élevé parmi les entités concernées par ce fournisseur et d'y appliquer une portée élargie aux sous-entités si nécessaire.

La gestion des fournisseurs permet d'avoir une vue synthétique des relations commerciales avec un fournisseur donné.

Pour créer un fournisseur :

➔ Placez-vous dans l'entité dans laquelle vous souhaitez créer le fournisseur.

➔ Placez-vous dans le menu **Gestion - Fournisseurs**.

La liste des fournisseurs s'affiche.

➔ Cliquez sur le bouton **Ajouter**.

➔ Donnez un **Nom** au fournisseur.

➔ Définissez la portée de ce fournisseur dans les sous-entités de l'entité courante.

➔ Ajoutez les données générales de ce fournisseur.

Le fait de renseigner l'adresse mail du fournisseur permet d'envisager d'ajouter le fournisseur dans la liste des destinataires des notifications.

➔ Enregistrez ces informations en cliquant sur le bouton **Ajouter**.

Un message de succès s'affiche.

➔Cliquez sur le **Nom** du fournisseur pour afficher de nouveau sa fiche. De nouveaux onglets sont apparus :

Contacts : cet onglet affiche la liste des contacts rattachés à ce fournisseur (ces contacts sont définis dans le menu **Gestion - Contacts**, onglet **Fournisseurs**). Il est possible d'ajouter un contact à un ou plusieurs fournisseurs à l'aide des actions de modification massive.

Contrats : cet onglet présente les contrats dont le fournisseur est le fournisseur courant (ces contrats sont définis dans le menu **Gestion - Contrats**, onglet **Fournisseurs**).

Matériels : cet onglet liste les matériels pour lesquels le fournisseur est le fournisseur courant (onglet **Gestion** de l'élément d'inventaire).

Documents : cet onglet permet d'associer des documents à un fournisseur.

Cette action peut également être réalisée pour plusieurs fournisseurs à partir de la liste des fournisseurs, en utilisant la fonction de modification massive ***Ajouter un document****. Dans ce cas, le document doit déjà être enregistré dans la gestion des documents.*

Tickets : cet onglet liste les demandes d'assistance affectées au fournisseur courant.

Liens : cet onglet permet de lancer un lien externe défini dans le menu **Configuration - Liens externes**.

Notes : cet onglet permet d'ajouter des informations concernant le fournisseur courant.

Historique : cet onglet liste les modifications apportées aux données générales du fournisseur courant.

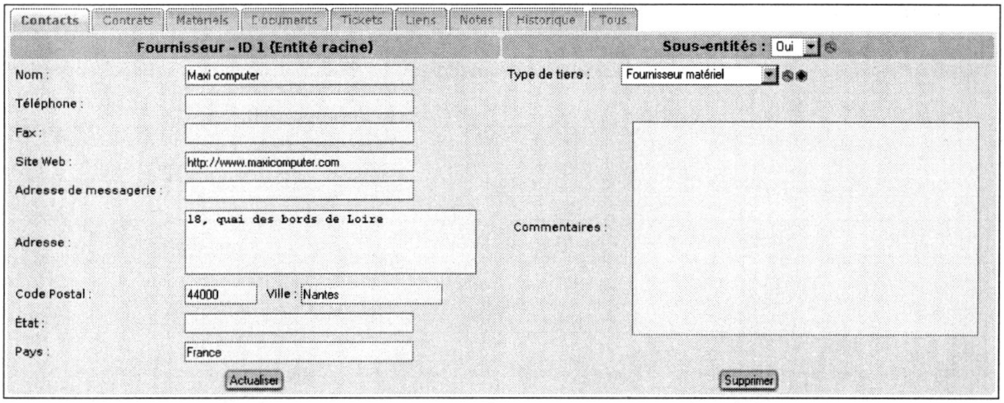

D.Les contacts

Il s'agit ici de gérer des fiches de personnes externes à votre structure. Celles-ci sont ensuite associées à des fournisseurs. La gestion des contacts se fait par entité avec possibilité d'élargir la visibilité des contacts aux sous-entités.

Pour créer un contact :

➔ Placez-vous dans l'entité à laquelle vous souhaitez rattacher le contact.

➔ Placez-vous dans le menu **Gestion - Contacts**.
La liste des contacts s'affiche.

➔ Cliquez sur le bouton **Ajouter**.

➔ Donnez un **Nom** au contact.

➔ Complétez les différents champs ainsi qu'éventuellement la portée du contact dans les sous-entités.

➔ Validez la création en cliquant sur le bouton **Ajouter**.
Un message de succès de la création s'affiche.

➔ Cliquez sur **Nom du contact** pour accéder à sa fiche.

De nouveaux onglets sont apparus :

Fournisseurs : cet onglet permet d'associer le contact courant à un ou plusieurs fournisseurs. Ce contact se retrouvera ensuite dans l'onglet **Contacts** de chacun de ces fournisseurs.

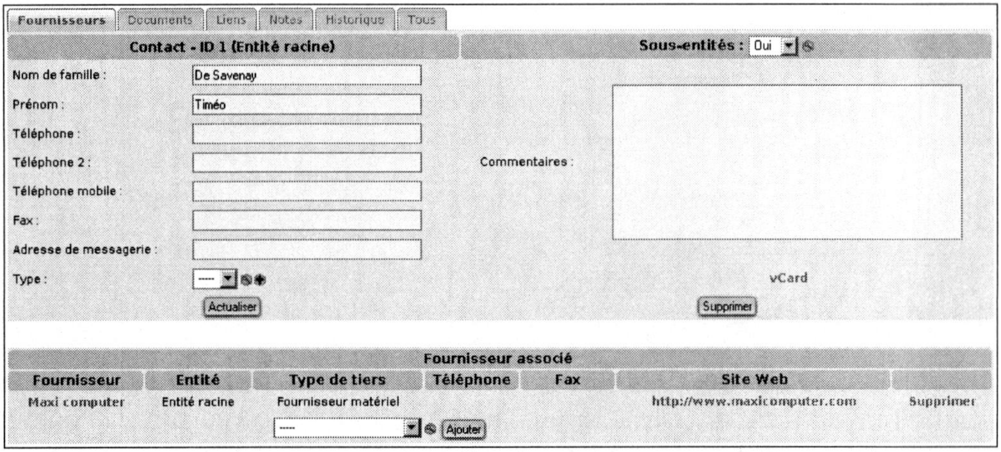

Cette association peut également être définie à partir de la liste des contacts en choisissant l'item **Ajouter Fournisseur...** dans la liste des actions de modification massive.

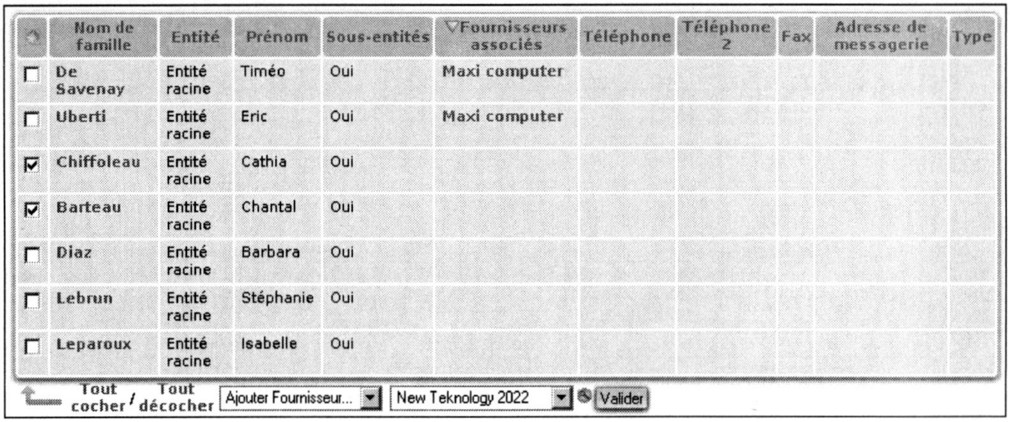

Vue de la fiche du fournisseur associé (onglet **Contacts**) :

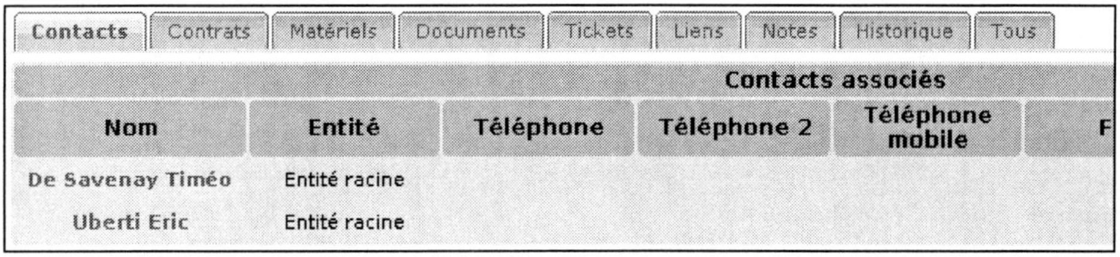

Documents : cet onglet permet d'associer des documents au contact courant. Il liste également les documents déjà associés. L'ajout peut se faire soit en téléchargeant un nouveau fichier (le document associé est alors créé), soit en désignant un document déjà présent dans la table des documents.

*Cette action peut également être réalisée pour plusieurs contacts à partir de la liste des contacts, en utilisant la fonction de modification massive **Ajouter un document**. Dans ce cas, le document doit déjà être enregistré dans la gestion des documents.*

Liens : cet onglet permet de lancer un lien externe défini dans le menu **Configuration - Liens externes**.

Notes : cet onglet permet d'ajouter des informations libres concernant le contact courant.

Historique : cet onglet liste les modifications apportées au contact courant.

E. Les contrats

Il s'agit ici de gérer les contrats qui sont ensuite associés aux éléments de l'inventaire et/ou aux fournisseurs.

Comme les autres éléments du menu **Gestion**, les contrats sont créés à un emplacement dans l'arborescence et leur portée éventuellement étendue dans les sous-entités.

*Un contrat peut par la suite être déplacé à l'aide de l'option **Transférer** dans la liste des actions de modification massive, sous la liste des contrats.*

Pour créer un contrat :

➔ Placez-vous dans l'entité dans laquelle vous souhaitez créer le contrat.

➔ Placez-vous dans le menu **Gestion - Contrats**.

La liste des contrats disponible dans l'entité courante s'affiche.

➔ Cliquez sur le bouton **Ajouter**.

➔ Donnez un **Nom** au contrat.

➔ Appliquez-lui éventuellement une portée étendue aux sous-entités en plaçant le champ **Sous-entités** sur **Oui**.

➔ Renseignez les différents champs de la partie principale du contrat :

Type de contrat : les valeurs disponibles pour ce champ sont gérées dans le menu **Configuration - Intitulés**. Vous pouvez utiliser ce champ pour distinguer les différents types de contrats (exemple : Maintenance, Support d'assistance...).

Numéro : ce champ vous permet de noter le numéro du contrat. Un autre champ expliqué ci-dessous vous permettra de définir un numéro comptable d'enregistrement du contrat.

Coût : le coût du contrat vous permet d'avoir un enregistrement de la valeur du contrat. Pour rappel : GLPI n'est pas un outil comptable et n'intègre pas nativement cette donnée dans un éventuel bilan des dépenses.

Date début : cette date est très importante car elle permet de définir le point de départ pour le calcul des dates de reconduite et de fin du contrat.

Durée initiale du contrat : cette durée est celle définie à la signature du contrat. Elle permet de définir la date de fin du contrat en se basant sur la date de début.

Numéro comptable : ce champ permet de préciser un numéro d'enregistrement comptable du contrat. Cette valeur est distincte du numéro du contrat vu ci-dessus.

Périodicité du contrat : cette valeur (en mois) définit la périodicité de reconduction du contrat. Cette périodicité peut en effet être différente de la durée initiale du contrat.

Préavis : cette valeur (en mois) définit la durée de la période précédant la fin du contrat pendant laquelle la reconduction tacite des contrats peut être dénoncée.

Reconduction (Jamais/Tacite/Express) : ce champ permet de définir un éventuel mode de reconduction des contrats.

Périodicité de facturation : ce champ (en mois) définit l'intervalle de temps entre chaque facture relative au règlement du contrat.

Nombre max d'éléments : ce champ définit le nombre maximum d'éléments de l'inventaire pouvant être associés à ce contrat.

Alertes par courriel (**Aucune**/Fin/Préavis/Fin + Préavis) : ce champ permet de définir à quel moment GLPI déclenchera une alerte par mail pour le contrat courant. Il permet de choisir entre aucune alerte, une alerte à la date de la fin du contrat (calculée à partir de la date de début du contrat et de sa durée initiale), au moment du préavis (calculé à partir de la date de fin moins la durée du préavis), ou bien une double alerte au moment du préavis et de la date de fin.

Commentaires : ce champ permet d'ajouter un commentaire pour le contrat courant.

Heures d'intervention : cette partie permet de définir les périodes d'exécution du contrat. La définition se fait par définition d'un horaire de début et d'un horaire de fin. Les horaires sont définis par pas de 5 minutes. Les différentes périodes distinguent les jours en semaine des samedi et des dimanche et jours fériés :

- **en semaine** :
  - **Début** : heure de début d'exécution du contrat en semaine.
  - **Fin** : heure de fin d'exécution du contrat en semaine.
- **le samedi** (**Non**/Oui) :
  - **Début** : heure de début d'exécution du contrat le samedi.
  - **Fin** : heure de fin d'exécution du contrat le samedi.
- **dimanche et fêtes** (**Non**/Oui) :
  - **Début** : heure de début d'exécution du contrat le dimanche et les jours fériés.
  - **Fin** : heure de fin d'exécution du contrat le dimanche et les jours fériés.

➜Validez l'ajout du contrat en cliquant sur le bouton **Ajouter**.

Un message de succès de la création s'affiche.

➜Cliquez sur le nom du contrat pour ré-afficher la fiche de celui-ci.

De nouveaux onglets sont affichés :

Fournisseurs : cet onglet permet de définir le fournisseur associé à ce contrat.

> *Il ne peut y avoir qu'un seul fournisseur associé à chaque contrat.*

Matériels : cet onglet permet d'associer le contrat courant aux éléments de l'inventaire. L'association se fait en sélectionnant le type d'élément d'inventaire à associer (Imprimante/Logiciel/Matériel réseau/Moniteur/Ordinateur/Périphérique/Téléphone), puis l'élément concerné dans la liste des éléments associables.

> *Pour associer un élément, celui-ci doit se trouver dans une entité concernée par le contrat (même entité ou dans la sous-arborescence de l'entité du contrat si celui-ci a une portée étendue).*

Documents : cet onglet permet d'associer des documents au contrat courant. Il liste également les documents déjà associés. L'ajout peut se faire soit à partir de documents déjà enregistrés dans le menu **Gestion - Documents**, soit en désignant le fichier à associer. Dans ce dernier cas, le document associé au fichier est automatiquement généré.

> *Cette action peut également se faire pour plusieurs contrats à partir de la liste des contrats, en utilisant la fonction de modification massive **Ajouter un document**. Dans ce cas, le document doit déjà être enregistré dans la gestion des documents.*

Liens : cet onglet permet de lancer un lien externe défini dans le menu **Configuration - Liens externes**.

Notes : cet onglet permet d'ajouter des informations concernant le contrat courant.

Historique : cet onglet liste les modifications apportées au contrat courant.

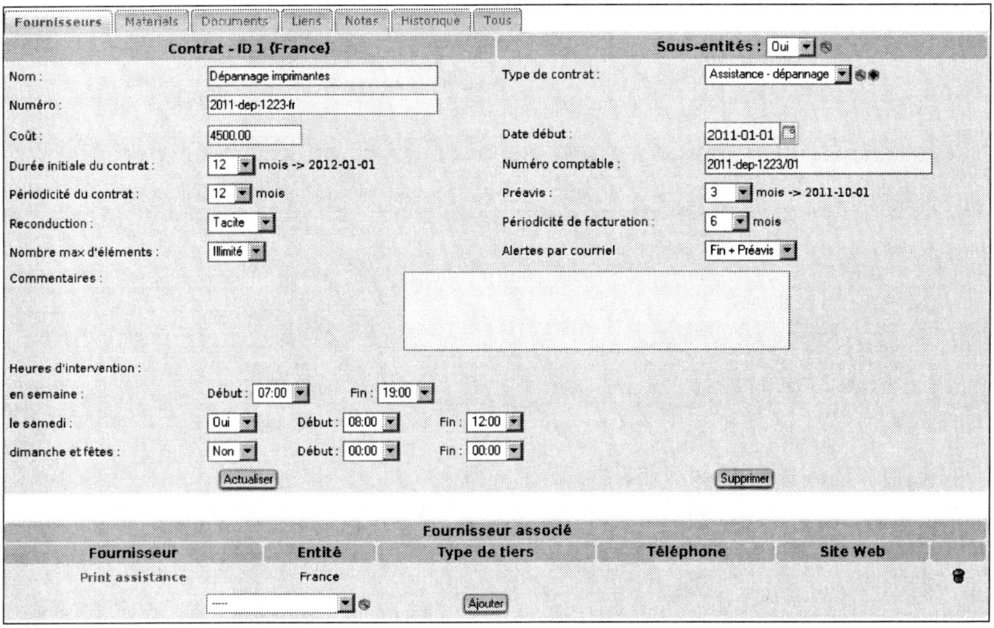

F. Les documents

Il s'agit ici de gérer les documents que l'on peut ensuite associer aux différents éléments de la base (éléments d'inventaire, utilisateurs, éléments de gestion, helpdesk...).

Le document est un élément de la base géré comme tel. À ce titre chaque document est plus qu'un simple fichier puisque de nombreux champs permettent d'en affiner l'exploitation.

La gestion des documents se fait dans le menu **Gestion - Documents**.

> *Les documents sont gérés par entité et éventuellement rendus visibles pour toute la sous-arborescence de cette entité.*

GLPI offre la possibilité de gérer les types de documents. Ceux-ci sont gérés dans une table des types de documents (menu **Configuration - Intitulés**, sous rubrique **Gestion - Type de document**). Cette table est par défaut préremplie avec les types de documents les plus courants.

Il est possible de se servir de cette table pour bloquer l'importation de certains formats de fichiers.

> *Les documents sont stockés dans l'arborescence du serveur. Seuls les chemins d'accès vers les documents sont stockés en base de données. Par défaut, les documents sont classés dans l'arborescence **glpi/files/** dans des sous répertoires portant le nom de l'extension des fichiers.*

Pour ajouter un nouveau document :

➔ Placez-vous dans l'entité dans laquelle vous souhaitez placer le document.

➔ Cliquez sur le menu **Gestion - Documents**.

➔ Cliquez sur le bouton **Ajouter**.

➔ Renseignez les différents champs :

Nom : Nom que vous souhaitez donner au document.

> *Veillez à donner un nom suffisamment explicite afin de le reconnaître facilement lorsque vous souhaiterez l'associer à un élément de la base.*

Sous-entités (Non/Oui) : ce champ définit l'éventuelle visibilité du document dans les sous-entités de l'entité dans laquelle le document a été créé.

Fichier (16 Mio max) : ce champ permet de renseigner le chemin du document pour le télécharger sur le serveur.

Sélectionner un fichier installé par FTP : ce champ permet de sélectionner un fichier déjà téléchargé sur le serveur.

Lien Web : permet de faire pointer le document sur un fichier se trouvant sur un serveur Web.

Commentaires : ce champ permet d'ajouter des commentaires propres à ce document.

Rubrique : ce champ permet de classer les documents dans des catégories de documents. Ces catégories sont gérées dans le menu **Configuration - Intitulés**.

Type MIME : ce champ permet de préciser le type MIME du fichier. Le type MIME est une norme qui définit les caractéristiques du fichier en vue de son échange par mail ou par échange HTTP. Ce type est automatiquement rempli lorsque le type MIME du fichier téléchargé est reconnu.

➔ Enregistrez le document en cliquant sur le bouton **Ajouter**.

➔ Le fichier est alors uploadé sur le serveur. Un message de succès s'affiche.

➔ Cliquez sur le nom du document pour ré-afficher la fiche du document.

De nouveaux onglets sont apparus :

Éléments associés : cet onglet liste les éléments de l'inventaire associés au document courant et permet d'associer le document courant à de nouveaux éléments de l'inventaire. Pour associer de nouveaux éléments de l'inventaire :

➔ Sélectionnez le type d'élément à associer (Budget, Contact, Contrat, Entités, Fournisseur, Imprimante, Licences, Logiciel, Matériel réseau, Moniteur, Ordinateur, Périphérique, Ticket, Type de cartouche, Type de consommable, Téléphone, Utilisateur).

➔ Choisissez l'élément à associer dans la seconde liste déroulante.

*En fonction du nombre d'éléments à afficher GLPI propose soit directement la liste des éléments à afficher, soit un champ de recherche afin de restreindre la liste d'éléments à afficher. Le seuil de changement de comportement se paramètre dans le menu **Configuration - Générale**, onglet **Configuration générale**, champ **Ne pas utiliser l'affichage dynamique si le nombre d'éléments est inférieur à :**. Dans le cas où le nombre d'éléments à afficher est supérieur au seuil, un double clic dans le champ de recherche, affiche le caractère joker (*) qui permet l'affichage de tous les éléments.*

➔ Validez en cliquant sur le bouton **Ajouter**.

Documents : cet onglet permet d'associer d'autres documents au document courant. L'association ne peut se faire qu'en désignant un fichier non présent dans la liste des documents. Le fait de désigner un fichier comme étant associé au document courant, génère automatiquement un nouveau document faisant référence à ce fichier ajouté. Le document ainsi créé est ajouté dans la liste des documents associés au document courant.

> *La liaison réciproque est également créée : le document courant fait automatiquement partie des documents associés au nouveau document créé.*

Notes : cet onglet permet de saisir une note propre au document courant.

Historique : cet onglet recense l'ensemble des modifications apportées au document courant.

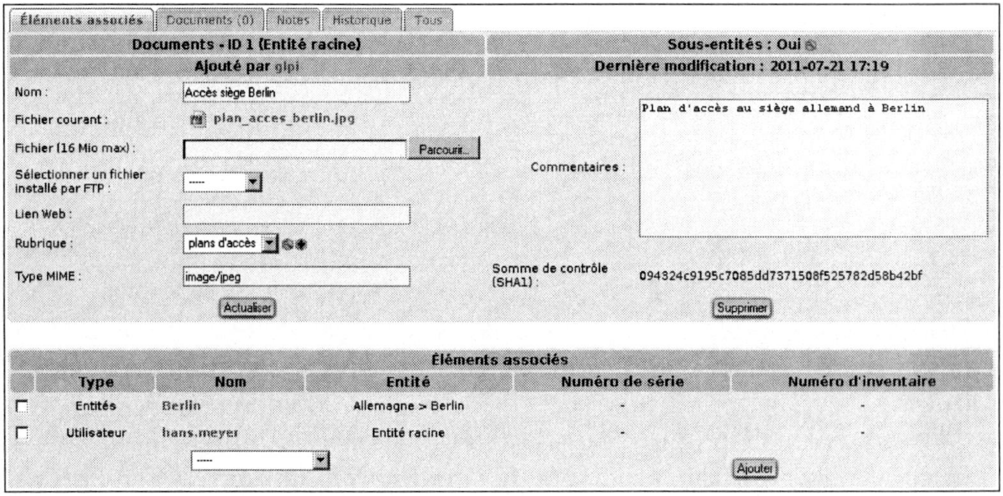

G.Le paramétrage des données de gestion

GLPI offre la possibilité d'automatiser l'alimentation de certains champs concernant la gestion. Ce paramétrage se fait par entité dans l'onglet **Inventaire** de la fiche de l'entité.

Afin de simplifier la configuration des paramètres pour l'ensemble des entités, les valeurs des champs sont par défaut héritées des valeurs des champs de l'entité parente. Ainsi en configurant les paramètres de l'entité racine, vous configurez l'ensemble des entités.

1. Configuration des paramètres de l'entité racine

➔ Placez-vous dans le menu **Administration - Entités**.

➔ Sélectionnez l'**Entité Racine**.

> *Attention l'**Entité Racine** possède une ergonomie spécifique et ne se trouve pas dans la liste des entités. Pour y accéder, cliquez sur le bouton **Entité racine** situé au dessus des critères de recherche.*

➔ Placez-vous dans l'onglet **Inventaire**.

Les champs pouvant être alimentés automatiquement sont :

Date d'achat (**Pas de remplissage automatique**/Remplissage lors de la définition du statut du matériel/Copier Date de début de garantie) : cette date correspond à la date de la facture.

Date de commande (**Pas de remplissage automatique**/Remplissage lors de la définition du statut du matériel/Copier Date de début de garantie/Copier Date d'achat) : cette date correspond à la date du bon de commande.

Date de livraison (**Pas de remplissage automatique**/Remplissage lors de la définition du statut du matériel/Copier Date de début de garantie/Copier Date d'achat/Copier Date de commande) : cette date correspond à la date du bon de livraison.

Date de mise en service (**Pas de remplissage automatique**/Remplissage lors de la définition du statut du matériel/Copier Date de début de garantie/Copier Date d'achat/Copier Date de commande/Copier Date de livraison) : cette date correspond à la date effective de mise en exploitation de la machine.

Date de début de garantie (**Pas de remplissage automatique**/Copier Date d'achat/Copier Date de commande) : contractuellement cette date peut varier selon les relations commerciales avec vos fournisseurs.

*Les valeurs entre parenthèses sont les valeurs possible. En gras, la valeur par défaut. L'item **Remplissage lors de la définition du statut du matériel** est représenté par autant de lignes que de statuts disponibles dans la table correspondante.*

→ Enregistrez les modifications en cliquant sur le bouton **Actualiser**.

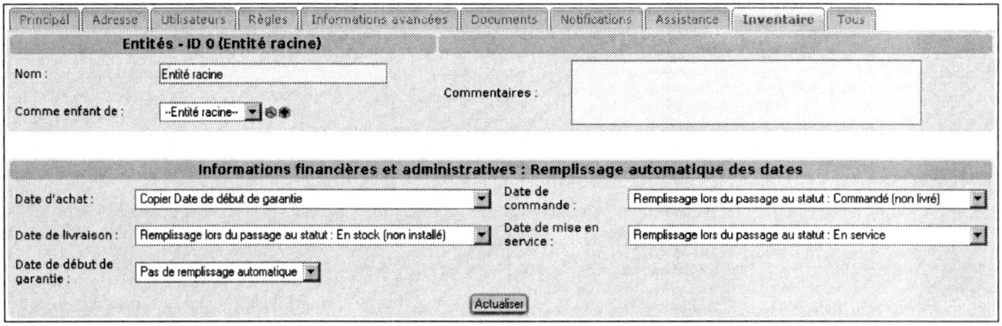

2. Configuration des paramètres pour les autres entités

Les champs décrits ci-dessus peuvent être spécifiés individuellement pour chaque entité en utilisant l'une des valeurs proposées ou bien hériter des valeurs de l'entité parente.

*Par défaut le paramétrage est **Héritage de l'entité parente**.*

Vous pouvez ensuite affiner le paramétrage de votre gestion de parc en modifiant les valeurs pour certaines entités.

Vous ne devez pas oublier que par défaut, les paramètres choisis pour une entité sont automatiquement appliqués dans la sous-arborescence de cette entité.

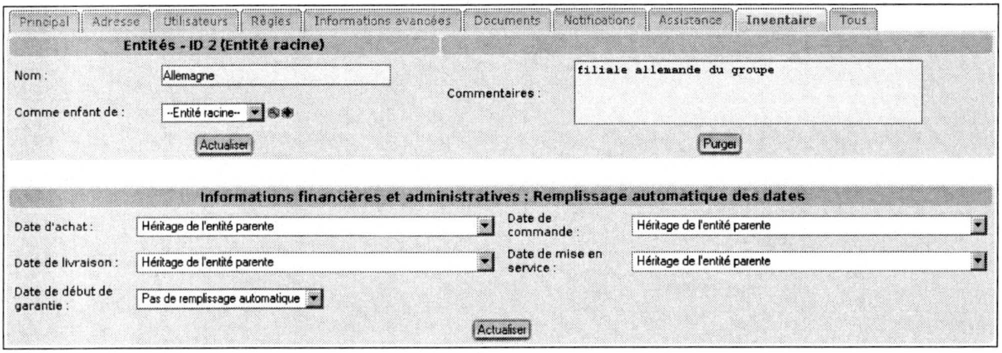

Chapitre 6
La gestion des imprimantes et des cartouches

A. Introduction

Ce chapitre va essentiellement décrire la configuration proposée par GLPI pour vous permettre de gérer vos stocks de cartouches. Cette gestion n'étant pas intuitive, une description des éléments à mettre en place s'impose donc.

Pour simplifier la gestion, le terme imprimante couvre à la fois les imprimantes et les copieurs connectés qui sont vus par les ordinateurs de la même manière.

De même, le terme cartouche couvre tout type de consommable lié à ces périphériques d'impression.

B. Les imprimantes

La gestion des cartouches impose de pouvoir les gérer de manière globale et donc de pouvoir gérer des stocks relatifs à différents modèles d'imprimantes ayant les mêmes consommables. Pour cela GLPI propose d'utiliser la notion de modèle d'imprimante.

Chaque imprimante est associée à un modèle d'imprimante.

Chaque référence de consommable est compatible avec un ou plusieurs modèles d'imprimantes.

Chaque imprimante hérite donc, au travers de son modèle d'imprimante, de l'accès aux stocks des consommables compatibles avec ce modèle.

Ce système permet de gérer les compatibilités de consommables entre plusieurs modèles d'imprimantes.

Attention pour utiliser des cartouches sur des imprimantes, elles doivent être compatibles au travers des modèles, mais également se trouver dans la même entité.

1. Gestion des modèles d'imprimantes

→ Placez-vous dans le menu **Configuration - Intitulés**.

→ Sélectionnez la table **Modèles d'imprimantes**.

→ Cliquez sur le bouton **Rechercher** pour afficher le contenu de la table.

→ Cliquez sur le bouton **Ajouter**.

→ Donnez un Nom au modèle d'imprimante et éventuellement des **Commentaires**.

→ Validez l'ajout en cliquant sur le bouton **Ajouter**.

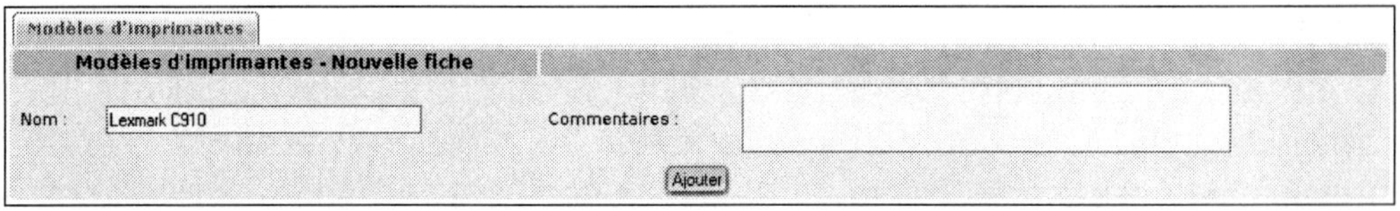

2. Utilisation des modèles d'imprimante sur les fiches des imprimantes

→ Placez vous dans le menu **Inventaire - Imprimantes**.

→ Cliquez sur la fiche d'une imprimante.

→ Dans le champ **Modèle**, sélectionnez le modèle correspondant à l'imprimante dans la liste déroulante.
L'imprimante est maintenant associée à son modèle d'imprimante.

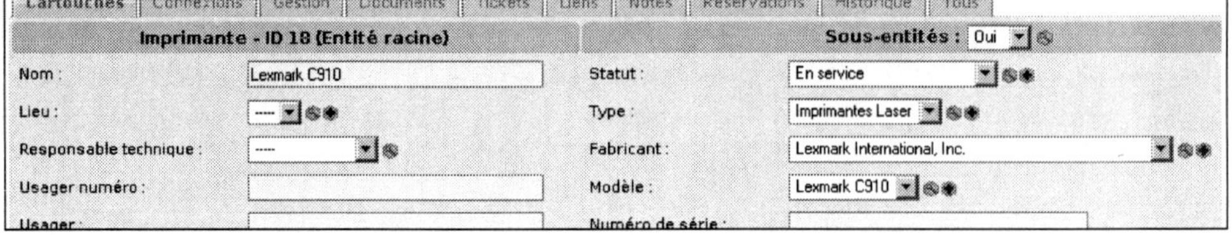

3. Les données concernant les imprimantes

Les champs suivants permettent d'affiner la gestion des imprimantes :

Sous-entités (Non/Oui) : ce champ permet d'étendre la visibilité dans les sous-entités. Cette notion est très importante si vous avez des imprimantes en réseau partagées par les utilisateurs de plusieurs entités différentes. Il vous faut dans ce cas placer vos imprimantes dans l'entité parente commune à tous les utilisateurs et placer le champ **Sous-entités** à **Oui**.

Nom : nom de l'imprimante. Par défaut il est généré lors de l'import des données depuis OCSNG à partir des informations récupérées par l'agent OCSNG sur le pilote de l'imprimante.

Statut : le statut est géré de manière globale pour tous les éléments de l'inventaire au travers des intitulés. Il sert en général à préciser l'état de la machine (en stock, en service, volé, réformé...).

Lieu : ce champ permet de préciser la localisation géographique de l'imprimante. Ce champ est géré au travers d'une **table**. Les données de cette table sont arborescentes (vous pouvez créer une hiérarchie des lieux) et rattachées à l'entité dans laquelle elles sont créées (vous pouvez créer une arborescence de lieux par entité, ou choisir de la créer à un niveau plus élevé de l'arborescence et l'étendre aux sous-entités).

Type : ce champ est géré au travers d'une table dans le menu **Configuration - Intitulés**. Il permet de définir un type d'imprimante. Il n'existe pas de typologie prédéfinie : vous pouvez donc utiliser ce champ comme vous le souhaitez.

Responsable technique : ce champ permet d'associer un compte à cette imprimante. Les comptes disponibles sont ceux ayant un profil de type **Interface Standard** sur l'entité dans laquelle se trouve l'imprimante. Ce responsable technique peut-être désigné comme destinataire d'une notification si une demande d'assistance concerne cette imprimante et peut également être automatiquement désigné en charge de cette demande d'assistance.

Fabricant : ce champ est géré dans la table des fabricants du menu **Configuration - Intitulés**.

Modèle : la gestion du modèle de l'imprimante est décrite ci-dessus. Il est géré dans une table du menu **Configuration - Intitulés**. Ce champ est indispensable pour gérer les cartouches des imprimantes car c'est cette valeur qui fait le lien entre les imprimantes et les cartouches.

Usager : cette donnée est récupérée depuis le champ **Usager** de l'ordinateur connecté à l'imprimante.

Numéro de série : ce champ permet de saisir le numéro de série de l'imprimante. Cette donnée peut être automatiquement alimentée par l'agent FusionInventory.

Utilisateur : ce champ permet de désigner un compte de la base de comptes comme utilisateur du matériel. Ce champ permet alors d'associer les demandes d'assistance sur l'imprimante non seulement à l'imprimante mais également à cet utilisateur.

Numéro d'inventaire : ce champ permet de saisir un numéro d'inventaire.

Groupe : ce champ permet d'associer l'imprimante courante à un groupe. Pour rappel un groupe est une notion distincte des entités permettant de regrouper des matériels et des utilisateurs.

Type de gestion (**Gestion globale/Gestion unitaire**) : ce champ désigne le mode d'utilisation des imprimantes. Il est issu de la configuration du mode OCSNG (menu **Configuration - Mode OCSNG**). Il est possible de passer d'un mode à l'autre. Si vous avez par exemple importé vos imprimantes en mode de gestion globale (considérant que vous avez une majorité d'imprimantes réseau dans votre parc), il est possible de déglobaliser une imprimante : dans ce cas GLPI va générer autant d'occurrences de l'imprimante courante qu'il y a d'ordinateurs connectés à celle-ci, et passer chacune de ces imprimantes en gestion unitaire avec une connexion par imprimante.

*Il est possible de bloquer l'ajout manuel de nouvelles imprimantes dans un mode de gestion prédéfini (**Gestion globale** ou **Gestion unitaire**). Ce paramétrage se fait dans le menu **Configuration - Générale**, onglet **Inventaire**, champ **Restreindre la gestion des imprimantes**).*

Domaine : le domaine est géré dans une table générée lors de l'import des données depuis OCSNG.

Réseau : ce champ est géré dans une table qui permet de désigner différents réseaux.

Mémoire : quantité de mémoire de l'imprimante.

Commentaires : ce champ permet l'ajout d'informations diverses.

Compteur de page initial : ce champ permet d'initialiser la donnée sur le compteur de pages de l'imprimante. Cette donnée permettra ensuite des calculs sur les consommations de l'imprimante lors du remplacement des cartouches. Ainsi, en saisissant la valeur du compteur à chaque remplacement de cartouche, GLPI calcule le nombre de copies réalisées avec la cartouche qui vient d'être remplacée, mais également une consommation moyenne par cartouche.

Ports : les champs suivants permettent de préciser les types de ports disponibles sur cette imprimante :

- **Série** (Oui/Non)
- **Parallèle** (Oui/Non)
- **USB** (Oui/Non)
- **Ethernet** (Oui/Non)
- **Wifi** (Oui/Non)

Date de Dernière modification : il ne s'agit pas ici d'un champ de saisie, mais d'un rappel de la date de la dernière modification apportée sur cette imprimante.

En plus des données principales de l'imprimante, des onglets sont disponibles pour aller plus loin dans la gestion de l'imprimante :

Cartouches : cet onglet permet de suivre et de gérer les cartouches utilisées par l'imprimante courante. Afin de comprendre la suite de ce paragraphe, il est utile de lire au préalable la section Les cartouches de ce chapitre.

Liens : cet onglet permet de lancer un lien défini dans le menu **Configuration - Liens externes**.

Notes : cet onglet permet de saisir une note propre à l'imprimante courante.

Réservations : cet onglet permet de gérer la fonction de réservation de l'imprimante courante :

- Rendre disponible l'imprimante à la réservation (bouton **Autoriser les réservations**).
- Verrouillage temporaire (bouton **Rendre indisponible**) ou définitif (bouton **Interdire les réservations**).
- Suivre les réservations (**en cours**, **à venir** et **passées**) sous forme de liste avec accès direct au planning des réservations (par simple clic sur le titre d'une des deux parties des réservations).

Historique : cet onglet recense toutes les modifications apportées à l'imprimante courante.

C. Les cartouches

La notion de cartouches peut couvrir l'ensemble des fournitures nécessaires au fonctionnement des imprimantes (toner, photoconducteurs, kits tambours...). En effet, il n'existe pas d'autre notion distincte dans GLPI qui permette d'associer ces différents composants aux imprimantes. Le terme cartouche pourra donc être utilisé pour chacun de ces éléments que vous souhaiterez gérer.

> *La gestion des cartouches se fait par entité, sans gestion de sous-arborescence. Il est donc important de positionner le stock de cartouches de manière cohérente par rapport à la localisation des imprimantes dans l'arborescence des entités.*

Pour créer une référence de cartouche :

➔ Placez-vous dans l'entité au niveau de laquelle vous gérez le stock de cartouches.

➔ Placez-vous dans le menu **Inventaire - Cartouches**.

La liste des cartouches présentes en base de données s'affiche.

➜ Cliquez sur le bouton **Ajouter**.

➜ Renseignez les données principales de la cartouche :

Nom : le nom de la cartouche devra être suffisamment explicite pour être identifiable dans la liste des cartouches. L'optimisation de la gestion du parc consistant à réduire au maximum le nombre de références nécessaire, un parc homogène permet de réduire ce nombre.

Commentaires : ce champ permet d'ajouter un commentaire propre à la référence de la cartouche courante.

Référence : ce champ permet de saisir la référence de la cartouche. Cette donnée est très utile pour vous aider à rédiger vos commandes.

Type : ce champ est géré dans le menu **Configuration - Intitulés**, **Types de cartouches**. Il vous permet par exemple de séparer les différents types d'articles que vous gérez dans la table des cartouches (toner noir, toner cyan, toner magenta, photoconducteur, tambour...).

Fabricant : ce champ est géré dans la table des fabricants (cette table est commune à l'ensemble des éléments de l'inventaire).

Responsable technique : ce champ permet de désigner un responsable technique pour cette référence de cartouche. Cette donnée est utile pour désigner un destinataire des alertes sur les baisses de stock. Il est possible d'assigner cette fonction pour l'ensemble des cartouches de la base en utilisant une modification massive à partir de la liste des cartouches (**Tout cocher**, puis **Modifier**, **Responsable technique**). Il est ainsi aisé de modifier cette donnée lorsque cela est nécessaire.

Lieu de stockage : ce champ permet de préciser le lieu de stockage de vos cartouches. La table utilisée est celle des **lieux**, commune à l'ensemble de GLPI. Pour rappel, les lieux sont gérés de manière arborescente propre à chaque entité, et pouvant être rendus utilisables dans les sous-entités en y appliquant la récursivité.

Seuil d'alerte : le seuil d'alerte permet de définir la valeur en dessous de laquelle un message sera envoyé aux personnes désignées, pour les informer qu'une commande est nécessaire. La configuration des notifications se fait :

- Dans le menu **Configuration - Notifications**, menu **Configuration des suivis par courriels et des alertes**, onglet **Options des alertes** pour désigner la fréquence des rappels et le seuil par défaut.
- Dans le menu **Configuration - Notifications**, menu **Notifications**, item **Cartridges** pour définir les destinataires.

Pour terminer la création de la cartouche :

➔Validez l'ajout en cliquant sur le bouton **Ajouter**.

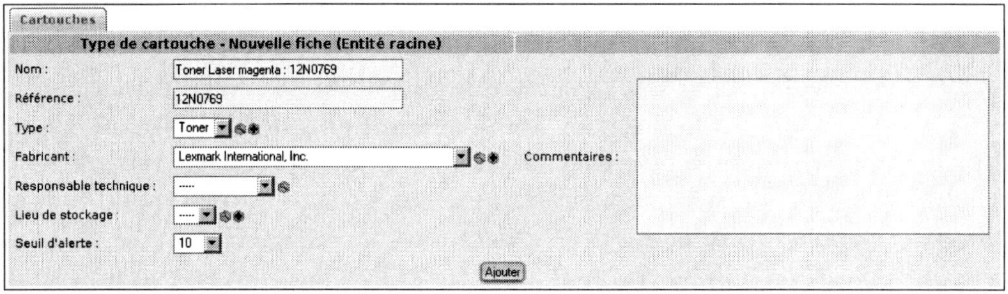

Un message de succès de la création s'affiche.

➔Cliquez sur le nom de la cartouche pour revenir à sa fiche.

De nouveaux onglets sont affichés :

Cartouches : cet onglet regroupe trois fonctions très importantes :

- Associer la cartouche courante à un ou plusieurs modèles d'imprimantes. Cette association 1 à N permet de gérer des références de cartouches qui seraient compatibles avec plusieurs modèles d'imprimantes. Le fait d'associer un modèle d'imprimante rend automatiquement les cartouches du stock disponibles pour les imprimantes de ce modèle (à condition bien sûr d'avoir la même « visibilité » en termes d'entité).
- Ajouter des cartouches dans le stock :

➔Sélectionnez le nombre de cartouches à ajouter (entre 1 et 100).

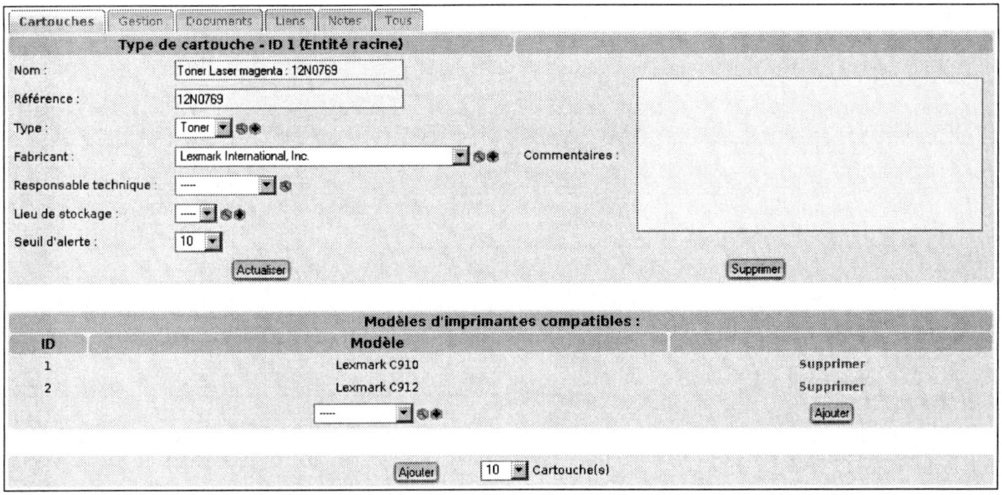

➔ Cliquez sur le bouton **Ajouter**.

- Suivre la vie de chaque cartouche du stock : chaque cartouche est d'abord marquée comme **Neuve**. Lorsqu'elle est affectée à une imprimante elle est marquée comme **Utilisée**. À ce stade il est possible de la **Réintégrer dans le stock**, et ainsi la retirer de l'imprimante. Lorsqu'elle arrive en fin de vie, elle passe à l'état **Usagée**.

*Pour chaque cartouche il est possible de gérer individuellement les **Informations financières et administratives**.*

Gestion : cet onglet permet de préremplir les **Informations financières et administratives** des cartouches ajoutées dans l'onglet **Cartouches**. Il s'agit du même fonctionnement que les gabarits pour l'ajout d'éléments d'inventaire.

Documents : cet onglet permet d'associer un ou plusieurs documents au modèle de cartouche courant.

Liens : cet onglet permet d'exécuter un lien défini dans le menu **Configuration - Liens externes**.

Notes : ce champ permet de saisir une note propre au modèle de cartouche courant.

Pour utiliser une cartouche (l'affecter à une imprimante)

➔ Placez-vous dans l'entité dans laquelle est géré le stock.

➔ Placez-vous dans le menu **Inventaire - Imprimantes**.

➔ Cliquez sur l'imprimante à laquelle vous souhaitez affecter une cartouche.

➔ Placez-vous dans l'onglet **Cartouches**.

➔ Sélectionnez une cartouche du stock dans la liste déroulante.

Si plusieurs références de cartouches sont associées au modèle de l'imprimante, il y aura autant de listes déroulantes affichées que de références de cartouches.

➔ Validez l'ajout en cliquant sur le bouton **Installer**.

La cartouche apparaît maintenant dans la liste des **Cartouches utilisées**.

Il vous est possible d'annuler l'opération en réintégrant la cartouche dans le stock. Cette opération se fait à partir du menu de gestion de la cartouche accessible en cliquant sur le nom de la cartouche utilisée, puis en utilisant la fonction ***Réintégrer dans le stock****.*

Total : 10 Neuves : 8 Utilisée : 1 Usagée : 1

ID	État	Date ajout	Date utilisation	Sur	Date fin	Informations financières et administratives		
3	Neuve	2011-07-27						Supprimer
4	Neuve	2011-07-27						Supprimer
5	Neuve	2011-07-27						Supprimer
6	Neuve	2011-07-27						Supprimer
7	Neuve	2011-07-27						Supprimer
8	Neuve	2011-07-27						Supprimer
9	Neuve	2011-07-27						Supprimer
10	Neuve	2011-07-27						Supprimer
2	Utilisée	2011-07-27	2011-07-27	Lexmark C910			Réintégrer dans le stock	Supprimer

Cartouches usagées

ID	État	Date ajout	Date utilisation	Sur	Date fin	Compteur imprimante	Informations financières et administratives		
1	Usagée	2011-07-27	2011-07-27	Lexmark C910	2011-07-27	12000 Pages imprimées		Réintégrer dans le stock	Supprimer
			En stock en moyenne : 0 mois		Utilisation moyenne : 0 mois	Pages imprimées en moyenne : 12000			

Plus tard, il sera possible de passer cette cartouche à l'état Usagée, en cliquant sur le lien **Fin de vie**. GLPI passe alors la cartouche dans la liste des **Cartouches usagées** et vous offre la possibilité de saisir une valeur du **Compteur imprimante**. GLPI calcule alors automatiquement la durée moyenne de stockage des cartouches, leur durée moyenne d'utilisation, le nombre de copies effectuées avec la cartouche usagée et la moyenne de copies par cartouche.

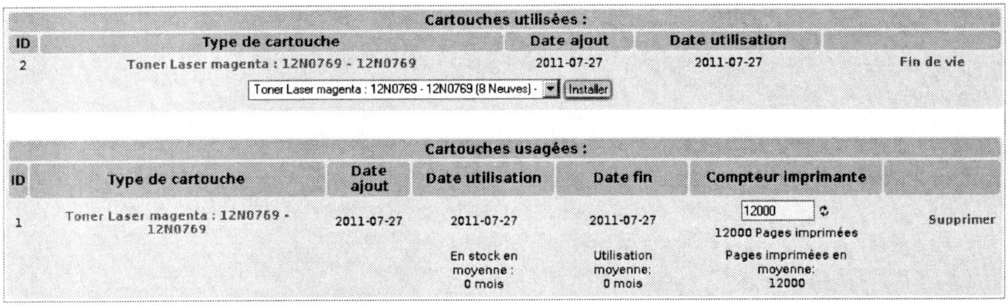

Chapitre 7
La gestion des logiciels

A. Introduction

La gestion des logiciels a fait l'objet d'une refonte par rapport aux premières versions de GLPI.

Dans les premières versions de GLPI, la gestion fine des logiciels s'appuyait sur le dictionnaire des logiciels d'OCSNG (au travers de catégories de logiciels) : ces catégories permettaient de regrouper des logiciels (ou versions d'un même logiciel).

Ces catégories d'OCSNG étaient récupérées lors de l'import dans GLPI en substituant le nom du logiciel par le nom de la catégorie. La difficulté était, outre la perte d'information sur le nom original du logiciel, de maintenir à jour la liste des logiciels dans les différentes catégories du dictionnaire, puisque les nouveaux logiciels découverts lors des inventaires réguliers ne sont par définition classés dans aucune catégorie.

GLPI propose de s'affranchir complètement des catégories d'OCSNG et d'intégrer cette gestion dans une fonction appelée **Dictionnaire**. Cette fonction offre beaucoup plus de puissance et permet de se substituer aux catégories d'OCSNG, mais aussi de filtrer les logiciels importés. Le fonctionnement repose sur un ensemble de règles qui s'exécutent au moment de l'import des données depuis OCSNG. L'intérêt majeur repose sur le fonctionnement dynamique de cette organisation.

La notion de catégorie existe à la fois dans OCSNG et GLPI, mais ne correspond pas à la même chose. Dans OCSNG, une catégorie est un regroupement de logiciels sous un même nom. Dans GLPI, la catégorie d'un logiciel est un champ d'information géré au travers d'une table.

B. Le dictionnaire logiciel

Dans GLPI, un dictionnaire définit un ensemble de règles qui vont permettre de filtrer des données, de modifier des libellés et de générer des regroupements d'éléments d'inventaire au moment de l'import des données depuis OCSNG.

Le second intérêt repose sur la possibilité de rejouer un dictionnaire pour appliquer les différentes règles aux éléments déjà présents dans la base de données.

Pour le dictionnaire logiciel, cette ré-exécution peut se faire sur une liste restreinte de fabricants (ce terme étant souvent synonyme d'éditeur pour les logiciels).

Pour créer un dictionnaire :

➔ Placez-vous dans le menu **Administration - Dictionnaires**.

Dans la partie **Dictionnaire général** :

➔ Cliquez sur le menu **Dictionnaire logiciel**.

➔ Cliquez sur le bouton **Ajouter** pour créer une nouvelle règle.

➔ Complétez les différents champs principaux de la règle :

Nom : ce champ est le nom de la règle. Il doit être suffisamment explicite afin d'être facilement retrouvé lorsque vous souhaiterez modifier le comportement des règles de votre dictionnaire. Sans cela, avec le temps, votre dictionnaire risque de déclencher des actions que vous ne saurez plus maîtriser.

Description : ce champ vous permet d'expliciter de manière concise l'objet de la règle. Par défaut cette description fait partie des champs affichés dans la liste des règles du dictionnaire.

Opérateur logique : l'opérateur logique (**Et** ou **Ou**) permet de définir le mode de combinaison des critères de la règle.

Actif : permet de rendre la règle active. L'expérience montre qu'il est fréquent d'oublier d'activer les règles. Il est possible de remédier à cet oubli de manière globale en modifiant ce paramètre à l'aide d'une modification massive sur la liste des règles.

Commentaires : ce champ vous permet de détailler le comportement de votre règle.

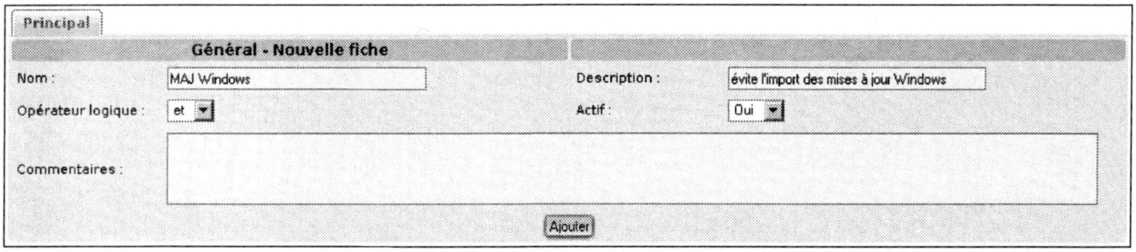

→ Validez la création en cliquant sur le bouton **Ajouter**.

La fiche de la règle s'affiche.

→ Ajoutez au moins un critère.

Les critères peuvent porter sur :

- Le nom du logiciel.
- Le fabricant.

Le critère peut analyser :

- L'existence ou non de l'information dans la base de données (on peut par exemple limiter les imports aux fabricants déjà présents dans la liste des fabricants).
- Le contenu du champ pour le comparer à une valeur (par exemple : Contient Windows, Commence par Mise à jour...).
- Le contenu du champ à l'aide d'expression rationnelle en vue d'en réutiliser le résultat dans l'action.

→ Définissez une ou plusieurs actions.

Cette action peut être :

- Rendre associable ou pas le logiciel à un ticket d'assistance.
- Modifier le nom du fabricant.
- Ignorer l'import.
- Modifier le nom du Logiciel.
- Modifier le numéro de la Version.

Vous pouvez définir autant de règles que vous le souhaitez pour tenter de gérer le plus finement possible les imports de logiciels.

Toutes les règles sont exécutées lors de l'import des éléments de l'inventaire. L'exécution s'arrête lorsque les critères sont vérifiés pour l'élément en cours d'import ; l'action est alors exécutée et GLPI passe à l'import de l'élément suivant. L'ordre d'exécution des règles est donc très important. Vous devrez pour cela veiller à partir des règles les plus précises vers les règles génériques.

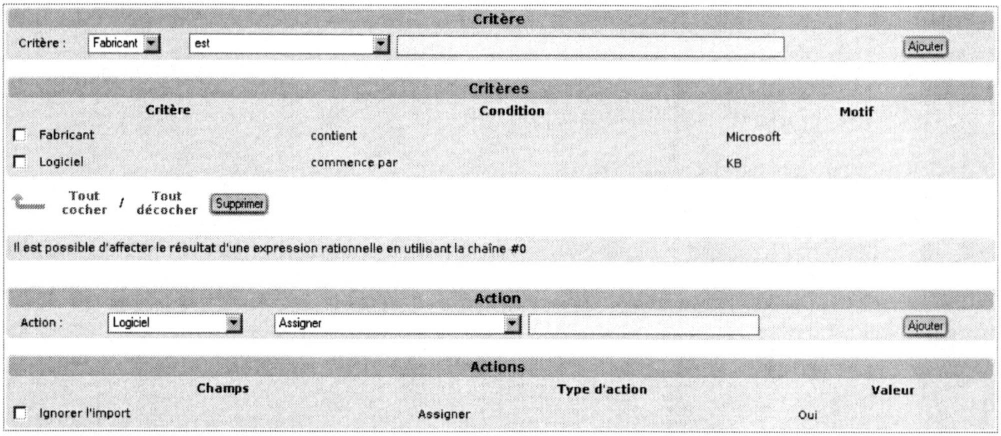

La particularité des dictionnaires repose sur la possibilité d'appliquer les règles du dictionnaire aux éléments déjà présents dans la base de données :

➔ Placez-vous dans le menu **Administration - Dictionnaires**.

➔ Choisissez le **Dictionnaire logiciel**.

La liste des règles précédemment créées s'affiche.

➔ Sous la liste des règles, cliquez sur le bouton **Rejouer les règles du dictionnaire**.

Un écran vous permet de restreindre l'exécution à un seul fabricant.

➔ Sélectionnez éventuellement le fabricant souhaité dans la liste déroulante.

➔ Laissez la configuration par défaut (----) pour exécuter le dictionnaire sur l'ensemble des logiciels de la base.

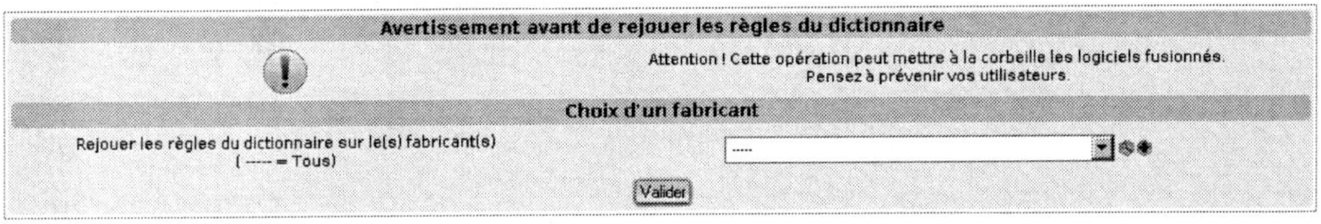

C. Les règles d'affectation d'une catégorie

GLPI gère une table de catégories de logiciels et offre la possibilité d'affecter ce champ dans la fiche de chaque logiciel. Cette opération peut être automatisée à l'aide de règles d'affectation.

1. Création des catégories de logiciels

➔ Placez-vous dans le menu **Configuration - Intitulés**.

➔ Sélectionnez la table des **Catégorie de logiciels**.

➔ Cliquez sur le bouton **Ajouter**.

➔ Donnez un **Nom** à la catégorie et renseignez éventuellement le champ **Commentaires**.

➔ Validez la création en cliquant sur le bouton **Ajouter**.

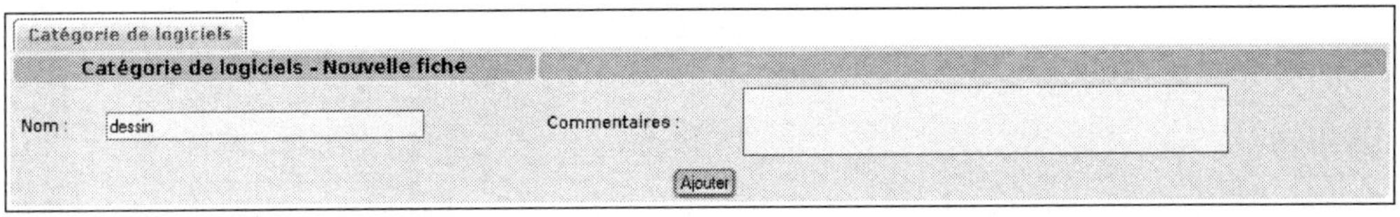

2. Création des règles d'affectation d'une catégorie aux logiciels

➔ Placez-vous dans le menu **Administration - Règles**.

➔ Sélectionnez le menu **Règles d'affectation d'une catégorie aux logiciels**.

➔ Cliquez sur le bouton **Ajouter**.

➔ Complétez les différents champs principaux de la règle :

Nom : le nom de la règle permet de la retrouver dans la liste. Il doit être suffisamment explicite.

Description : ce champ permet d'afficher de manière concise l'objet de la règle.

Opérateur logique : l'opérateur logique (**Et** ou **Ou**) permet de définir le mode de combinaison des critères de la règle.

Actif : permet de rendre la règle active.

Commentaires : ce champ permet de détailler le comportement de votre règle.

➔ Validez la création en cliquant sur le bouton **Ajouter**.

Un message de succès de la création s'affiche.

➔ Cliquez sur le **Nom** de la règle que vous venez de créer.

Vous allez maintenant pouvoir ajouter un ou plusieurs critères pour cette règle.

Comme pour les règles du dictionnaire logiciels, le critère pourra porter sur le nom du logiciel ou de son fabricant.

➔ Ajoutez ensuite l'action :

```
Catégorie Assigner Nom_de_la_catégorie
```

Votre règle est maintenant définie.

> *Ces règles d'affectation d'une catégorie aux logiciels s'exécutent au moment de l'import des logiciels et peuvent être réexécutés.*

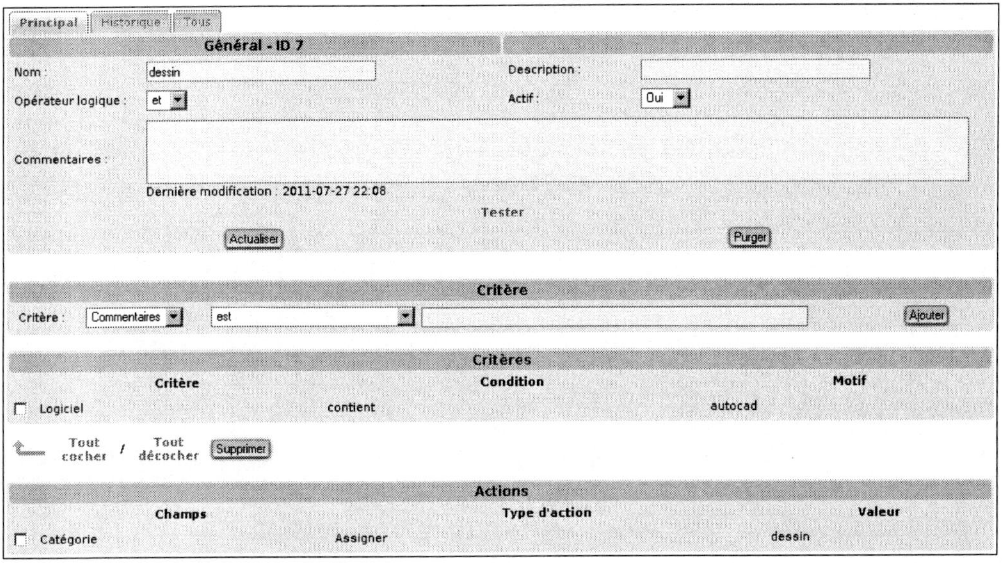

Pour réexécuter les règles :

➔Placez-vous dans le menu **Inventaire - Logiciels**.

➔Sélectionnez les logiciels pour lesquels vous souhaitez rejouer les règles.

Dans la liste des actions en bas de l'écran :

➔Sélectionnez **Recalculer la catégorie**.

L'exécution des règles s'arrête dès qu'une règle est vérifiée. L'ordre des règles est donc très important.

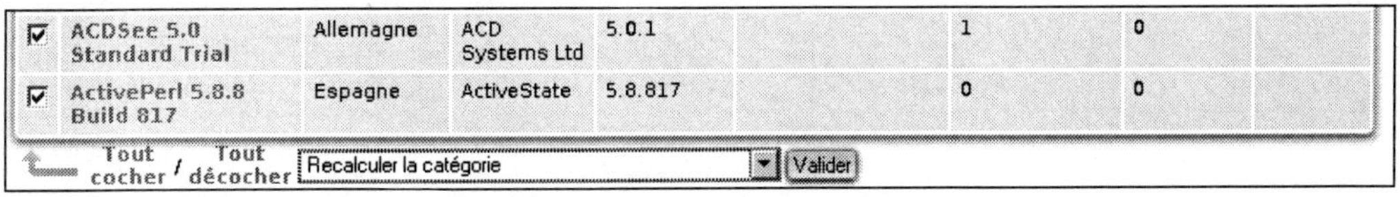

D.La gestion des licences et des installations

Les logiciels, et donc des licences, sont gérés par entité.

L'inventaire des logiciels est généré à partir de l'import des inventaires des ordinateurs depuis la base OCSNG. Les logiciels sont placés dans les entités des ordinateurs sur lesquels ils sont installés.

Il est possible de définir une portée étendue pour logiciel en le rendant disponible pour la sous-arborescence de l'entité à laquelle il appartient.

Le terme **Installer un logiciel** signifie qu'une licence supplémentaire est utilisée pour le logiciel donné. Il ne s'agit en aucun cas de provoquer l'installation physique du logiciel sur l'ordinateur. Il en est de même pour le terme **Désinstaller** qui ne fait que rendre une licence disponible pour être installée sur un autre ordinateur. Si vous utilisez des synchronisations entre les données OCSNG et GLPI, vous n'aurez pas à gérer les installations car les synchronisations vous permettront d'avoir en permanence une vue réelle de l'état des logiciels présents sur les ordinateurs.

Toutefois, il se peut que vous ayez ponctuellement à gérer des licences pour suivre les achats et le stock de ces licences.

GLPI vous permet d'avoir une vue synthétique du nombre d'occurrences de chaque logiciel et de vérifier que vous disposez bien du nombre de licences correspondantes.

Les logiciels sont gérés de la même manière que les autres éléments de l'inventaire et peuvent se voir attribuer des informations financières, être associés à des documents ou des contrats, des notes et également des tickets d'assistance.

1. Les logiciels

Dans cette partie, la description ne va pas s'attacher à présenter la création d'un logiciel mais vous allez pouvoir découvrir les informations stockées à partir d'un logiciel déjà présent dans votre base de données.

➔ Placez-vous dans le menu **Inventaire - Logiciels**.

➔ Cliquez sur un des logiciels présents dans votre base de données et issus de l'import des données d'OCSNG.

La fiche du logiciel s'ouvre.

Classiquement vous retrouvez dans la première partie les données générales concernant le logiciel :

Sous-entités : ce champ permet de définir la portée du logiciel dans la sous-arborescence de l'entité dans laquelle le logiciel est placé.

Nom : ce champ permet de définir le nom de l'application. Il est à noter qu'il n'existe pas d'uniformité dans les remontées de logiciels lors des inventaires OCSNG. La liste des logiciels récupérés d'OCSNG peut donc présenter un aspect hétéroclite.

Fabricant / Editeur : cette donnée s'appuie sur la table des fabricants gérée dans le menu **Configuration - Intitulés**. La table est commune à l'ensemble des éléments d'inventaire de la base.

Lieu : cette donnée est également gérée dans les intitulés mais est propre à chaque entité ou arborescence, et peut elle-même se présenter sous la forme d'une arborescence.

Catégorie : cette donnée s'appuie encore une fois sur un intitulé mais elle peut être renseignée de manière automatique grâce aux **Règles d'affectation d'une catégorie aux logiciels**.

Responsable technique : ce champ permet de définir une personne comme responsable du logiciel. Cela permet notamment de la rendre destinataire d'un message lorsqu'une demande d'assistance concerne ce logiciel.

Associable à un ticket : ce choix permet d'autoriser l'association d'une demande d'assistance au logiciel courant. Cette fonction permet une gestion plus fine que le simple fait d'autoriser ou non l'association des demandes d'assistance aux logiciels de manière globale dans la gestion des profils.

Utilisateur : cette liste déroulante permet d'associer un compte de la base des utilisateurs de GLPI pour le désigner comme utilisateur identifié du logiciel courant. L'information se trouve également présente, dans ce cas, dans la fiche de l'utilisateur de l'onglet **Matériels**. Par la suite, si une demande d'assistance concerne ce logiciel, il est possible de configurer les notifications pour que l'utilisateur du Matériel (par extension, du Logiciel) soit destinataire d'un courriel d'information.

Groupe : comme pour l'utilisateur, cette liste déroulante permet de désigner un groupe prédéfini comme utilisateur identifié du logiciel courant. Là encore, l'information est présente dans la fiche du groupe, dans l'onglet **Matériels**.

Commentaires : ce champ permet l'ajout d'informations diverses concernant le logiciel.

Dernière modification : cette valeur affichée reprend la date (jour et heure) de la dernière modification apportée à la fiche du logiciel courant.

Mise à jour (Non/Oui) de : ce champ permet de définir un logiciel comme étant une mise à jour d'un autre logiciel. Pour afficher la liste de tous les logiciels, double cliquez sur le champ de recherche pour afficher le caractère joker (*).

Les onglets permettent une gestion plus fine de chaque logiciel :

Le premier onglet propose la gestion des versions et des licences (**Versions/Licences**) :

> *Il est important de noter dès à présent que la gestion des installations est dissociée de la gestion des licences. On peut donc installer un logiciel sans affecter une licence et inversement affecter une licence sans installer le logiciel.*

2. Les versions

Il est possible de gérer plusieurs versions successives d'un logiciel. Ainsi lorsque vous allez effectuer une mise à jour, il n'y aura pas obligatoirement achat d'une nouvelle licence.

Pour ajouter une nouvelle version :

➲ Cliquez sur le lien **Ajouter une version** dans le tableau des versions déjà présentes en base de données.

L'écran vous propose de saisir les informations suivantes :

- **Nom** : ce champ permet de définir le nom de la version. Vous veillerez à être précis dans le nommage de la version afin de faciliter l'exploitation des données par la suite.
- **Commentaires** : ce champ permet l'ajout de commentaires concernant la version courante. Un commentaire rapide peut parfois s'avérer utile.
- **Système d'exploitation** : cette liste déroulante est alimentée par la table **Système d'exploitation** gérée dans le menu **Configuration - Intitulés**. Cette table est automatiquement alimentée lors des imports OCSNG.
- **Statut** : ce champ permet d'associer un statut au logiciel. La table des statuts est générique pour l'ensemble des objets de l'inventaire.

➲ Validez la création de la version en cliquant sur le bouton **Ajouter**.

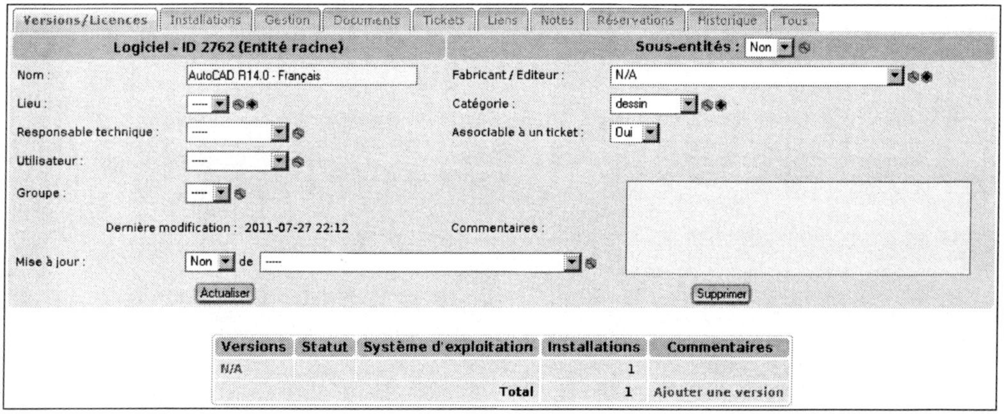

GLPI revient vers la fiche du logiciel.

➲ Cliquez sur le nom de la version que vous venez de créer :

La fiche de cette version s'affiche. De nouveaux onglets sont ajoutés :

- **Principal** : cet onglet propose simplement une synthèse du nombre d'installations de la version par entité.

- **Installations** : cet onglet détaille les ordinateurs sur lesquels la version est installée.
- **Historique** : liste les modifications apportées à la version courante du logiciel.

*Vous pouvez revenir à la fiche du logiciel en cliquant sur le nom de celui-ci dans le champ **Logiciel**.*

3. Les licences

Vous allez maintenant pouvoir ajouter de nouvelles licences dans votre gestion de parc.

Cette gestion est effectuée dans la seconde partie de l'onglet **Versions/Licences** du logiciel courant.

Pour ajouter une licence :

➔Cliquez sur le lien **Ajouter une licence**.

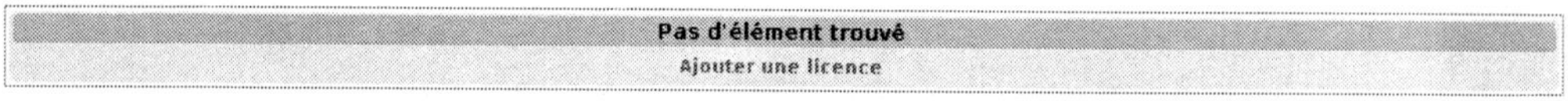

La fenêtre s'ouvre sur la fiche de la licence :

- **Nom** : ce champ vous permet de donner un nom spécifique à cette licence. Si vous ne renseignez pas le champ, celle-ci sera identifiée par son id.
- **Sous-entités** (dans le bandeau au-dessus des autres champs) : ce champ permet de modifier la portée de la licence. Ceci sera très utile si vous gérez vos logiciels à un niveau élevé de l'arborescence, afin de pouvoir utiliser les licences dans toutes les sous-arborescences.
- **Logiciel** : ce champ vous rappelle le nom du logiciel pour lequel vous gérez actuellement les licences. Ce nom est un lien pour revenir sur la fiche du logiciel.
- **Type** : ce champ définit le type de licence. Les données de cette liste déroulante sont gérées dans une table administrée dans le menu **Configuration - Intitulés**.
- **Numéro de série** : ce champ vous permet d'enregistrer le numéro de série associé à cette licence.

- **Numéro d'inventaire** : ce champ vous permet d'enregistrer un numéro d'inventaire pour l'ensemble des licences ajoutées ici. Dans le cas où vous enregistrez plusieurs licences, une seule référence est enregistrée.
- **Version d'achat** : vous pouvez spécifier dans ce champ à quelle version d'achat est associée cette licence.
- **Version d'utilisation** : ce champ permet de spécifier une version différente de la version d'achat. Dans le cas d'une mise à jour offerte par exemple, vous achetez un logiciel en version n et profitez de la mise à jour gratuite pour installer la version n+1.
- **Commentaires** : comme dans tous les éléments de l'inventaire, ce champ vous permet d'ajouter des commentaires.
- **Nombre** : ce champ vous permet de gérer le nombre de licences que vous souhaitez rendre disponibles. La valeur **Illimité** permet d'assurer le suivi des licences sans avoir à en gérer le nombre.
- **Expiration** : ce champ permet de définir une date limite de validité des licences.

Pour valider la création de la licence :

➔ Cliquez sur le bouton **Ajouter**.

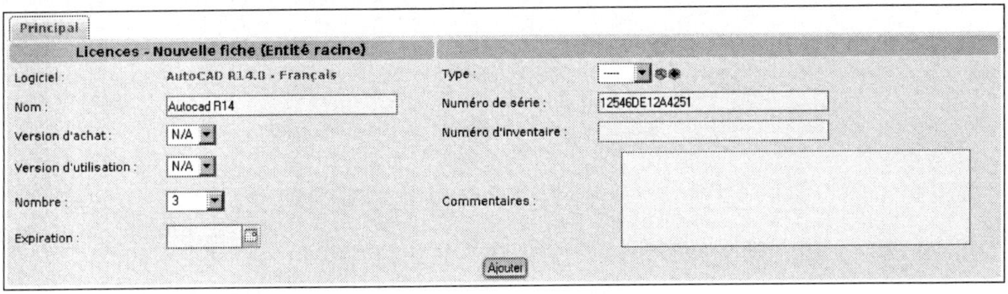

Un message de succès de la création s'affiche.

➔ Cliquez sur le nom de la licence pour revenir à sa fiche.

De nouveaux onglets sont ajoutés :

- **Ordinateurs** : cet onglet permet d'associer la licence à un ordinateur :

➔ Placez un critère dans le champ de recherche (ou * pour afficher l'ensemble des ordinateurs sur lesquels le logiciel peut être installé).

➔ Sélectionnez l'ordinateur concerné.

➔ Validez l'affectation en cliquant sur le bouton **Ajouter**.

- **Gestion** : cet onglet permet de définir les éléments de gestion de la licence. Les différents champs sont préremplis à l'aide des éléments de l'onglet **Gestion** de la fiche du logiciel courant. Ces champs concernent les données administratives et financières ainsi que les informations sur la garantie.
- **Documents** : cet onglet permet, comme pour tout élément de l'inventaire, d'associer un ou plusieurs documents.

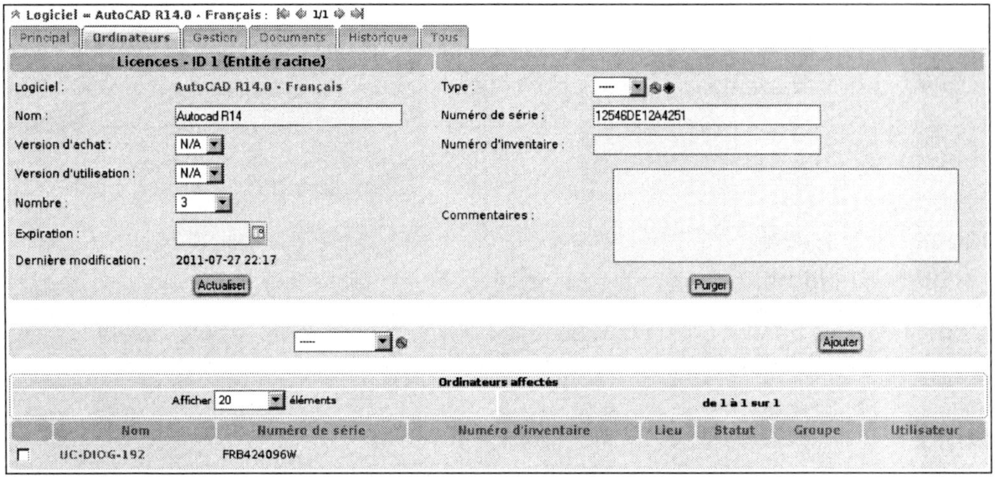

*Vous pouvez revenir à la fiche du logiciel en cliquant sur le nom de celui-ci dans le champ **Logiciel** dans les données principales de la licence.*

4. Les logiciels (suite de la description de la fiche d'un logiciel)

Après avoir détaillé l'onglet **Versions/Licences** voici la description des autres onglets :

Installations : dans cet onglet sont listés les ordinateurs sur lesquels le logiciel est installé.

*Le nom de chaque ordinateur est cliquable, vous accédez alors aux données de l'ordinateur. Dans l'onglet **Logiciels**, en dessous de la liste des logiciels installés, se trouve la liste des Licences affectées et non installées. Un bouton **Installer** permet de passer le logiciel dans la liste des logiciels installés.*

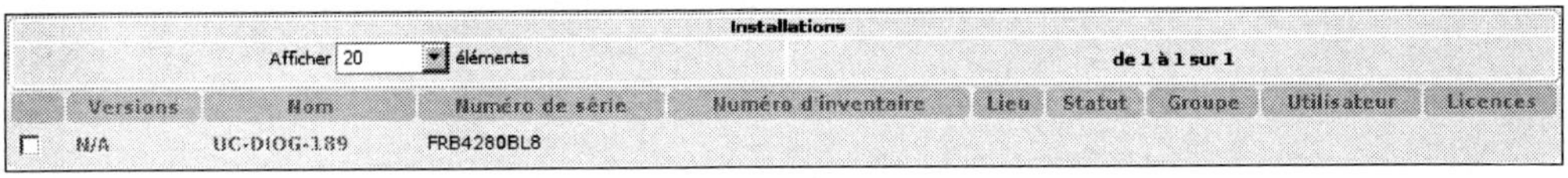

Gestion : si la gestion financière est activée, les éléments relatifs à ce logiciel sont affichés, sinon cliquez sur le menu **Activer les informations financières** pour les rendre actives.

*Les champs proposés ici ne sont pas à proprement parler les données financières du logiciel. En effet, la gestion ne se fait pas logiciel par logiciel, mais au niveau de chaque licence. Les champs de l'onglet **Gestion** constituent donc un gabarit qui permettra de préremplir les informations financières de chaque licence achetée. Ainsi, les données techniques relatives au logiciel sont dissociées des éléments financiers, susceptibles d'évoluer plus rapidement.*

Les onglets suivants sont communs à l'ensemble des éléments de l'inventaire de GLPI :

Documents : permet de visualiser les documents associés au logiciel et d'en ajouter de nouveaux.

Tickets : permet de visualiser les tickets d'assistance associés au logiciel et d'en créer un nouveau en cliquant sur le lien **Nouveau ticket pour cet élément...**

Liens : permet de lancer un lien externe défini dans le menu **Configuration - Liens externes**.

Notes : cet onglet contient un champ de saisie afin d'y noter des commentaires supplémentaires.

Réservations : permet de rendre le logiciel accessible à la réservation. La gestion des réservations étant générique pour l'ensemble de GLPI, on parle ici de matériel.

Chapitre 8
La gestion des éléments réseau

A. Introduction

GLPI permet de gérer les éléments actifs de votre réseau et leurs différents ports.

Chaque port pourra ensuite recevoir la connexion d'un matériel de l'inventaire. GLPI vous permettra d'avoir une vue d'ensemble des connexions.

Attention, la maintenance de ces informations nécessite une très grande rigueur et des procédures précises pour maintenir un niveau de qualité de l'information présente en base de données.

Certains constructeurs de matériels réseau proposent des outils pour gérer ce type de ressources. L'objet n'est pas ici de comparer la qualité des fonctionnalités proposées par chacun de ces outils, mais de vous présenter celles que GLPI vous offre.

B. La création des éléments actifs

La gestion des éléments réseau se fait par entité avec possibilité d'étendre les fonctionnalités aux sous-entités de l'arborescence.

Vous veillerez donc au positionnement des éléments réseau lors de leur création.

Pour créer un élément réseau :

➜ Placez-vous dans l'entité souhaitée.

➜ Placez-vous dans le menu **Inventaire - Réseau**.

➜ Cliquez sur le bouton **Ajouter**.

➜ Remplissez les différents champs de l'élément réseau à ajouter :

Nom : ce champ permet de donner un nom à l'élément réseau. Cette dénomination doit être rigoureuse pour faciliter la maintenance.

Statut : ce champ est commun à l'ensemble des éléments de la gestion de parc et est géré dans le menu **Configuration - Intitulés**.

Lieu : ce champ est également commun à l'ensemble des éléments de l'inventaire. Pour rappel, la gestion des lieux se fait par entité (éventuellement étendue dans la sous-arborescence de cette entité) et est arborescente.

Type : cette liste déroulante est gérée dans le menu **Configuration - Intitulés, Types de matériels réseaux**.

Modèle : de la même manière, cette liste déroulante est gérée dans le menu **Configuration - Intitulés, Modèles de matériels réseaux**.

Usager numéro : ce champ est un champ de saisie libre.

Usager : ce champ désigne le bénéficiaire de l'élément d'inventaire courant. Contrairement à la notion d'utilisateur, ce champ est un champ libre.

Numéro de série : ce champ permet la saisie du numéro de série du matériel réseau courant.

Utilisateur : ce champ désigne un compte de la base des utilisateurs de GLPI. Cette information est importante car dans le cas de la création d'une demande d'assistance concernant ce matériel réseau, l'utilisateur peut être destinataire d'un courriel si la configuration des notifications le prévoit.

Numéro d'inventaire : ce champ permet la saisie du numéro d'inventaire de l'élément réseau courant.

Groupe : cette liste déroulante permet d'associer un groupe à cet élément réseau.

Réseau : cette liste déroulante est alimentée par la table **Réseau** gérée dans le menu **Configuration - Intitulés**. Cette table est un simple fichier à plat.

Domaine : cette liste déroulante est alimentée par la table **Domaine** gérée dans le menu **Configuration - Intitulés**. Cette table est également un simple fichier à plat.

Commentaires : ce champ permet d'ajouter des commentaires pour cet élément réseau.

IP : ce champ permet de spécifier une adresse IP lorsque cela peut être utile.

MAC : ce champ permet de spécifier une adresse MAC principale pour cet élément réseau.

Firmware : ce champ permet de saisir une version du Firmware du matériel.

Mémoire (**Mio**) : ce champ permet éventuellement de noter la mémoire de l'élément réseau.

➔ Validez la création en cliquant sur le bouton **Ajouter**.

Un message de succès s'affiche.

➔ Cliquez sur le nom de l'élément réseau pour revenir sur sa fiche.

De nouveaux onglets sont affichés :

Connexions : cet onglet permet de gérer les différents ports de l'élément réseau (voir ci-dessous).

Gestion : cet onglet permet de gérer les Informations financières et administratives de l'élément réseau. Il permet également d'associer un ou plusieurs contrats à cet élément.

Documents : cet onglet permet d'associer des documents à l'élément courant soit en désignant un document déjà enregistré, soit en créant un nouveau document en téléchargeant un fichier.

Tickets : cet onglet liste les demandes d'assistance associées à l'élément courant. Le nom de chaque ticket est un lien vers la demande d'assistance.

Liens : cet onglet permet d'exécuter les liens définis dans le menu **Configuration - Liens Externes**.

Notes : cet onglet permet de saisir une note concernant l'élément courant. Cet onglet est très utile pour garder une trace de chaque intervention lorsque plusieurs personnes participent à l'exploitation des éléments réseaux.

Réservations : cet onglet permet de gérer la réservation de l'élément courant.

Historique : cet onglet liste chaque modification apportée sur la fiche de l'élément courant.

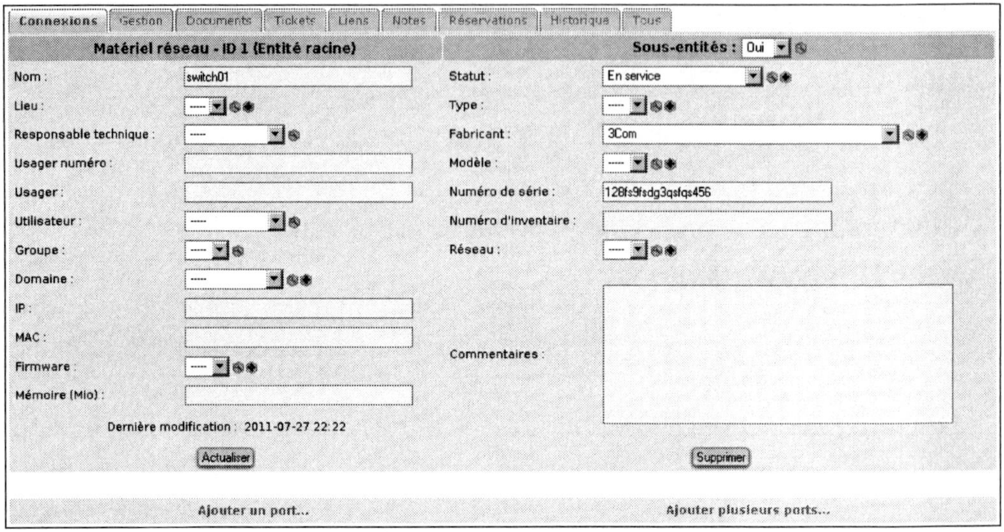

1. La gestion des ports de l'élément réseau

Vous allez maintenant pouvoir créer les ports de cet élément réseau :

➔ Placez-vous dans l'onglet **Connexions**.

➔ Cliquez sur le lien **Ajouter plusieurs ports**.

➔ Remplissez les différents champs (il s'agit ici d'un gabarit de saisie des informations des ports créés) :

Numéro de port :

- **De** : valeur du premier port (en général la numérotation commence au port zéro).
- **A** : valeur du dernier port.

Nom : ce champ servira de nom à chaque port suivi du numéro du port. Si vous choisissez dans ce champ la valeur 'Port ', les ports créés s'appelleront 'Port 1', 'Port 2', etc.

Interface : ce champ est géré dans le menu **Configuration - Intitulés**, **Interface réseau**.

IP : ce champ permet une pré-saisie du début de l'adresse IP de chaque port. Il suffit ensuite de terminer la saisie pour chaque port.

MAC : idem pour l'adresse MAC si celle-ci est connue.

Masque : ce champ permet la saisie du masque de sous-réseau qui sera repris pour chaque port.

Passerelle : ce champ permet la saisie de l'adresse de la passerelle par défaut.

Sous-réseau : ce champ permet la saisie de l'adresse du sous-réseau dans lequel se trouve le port.

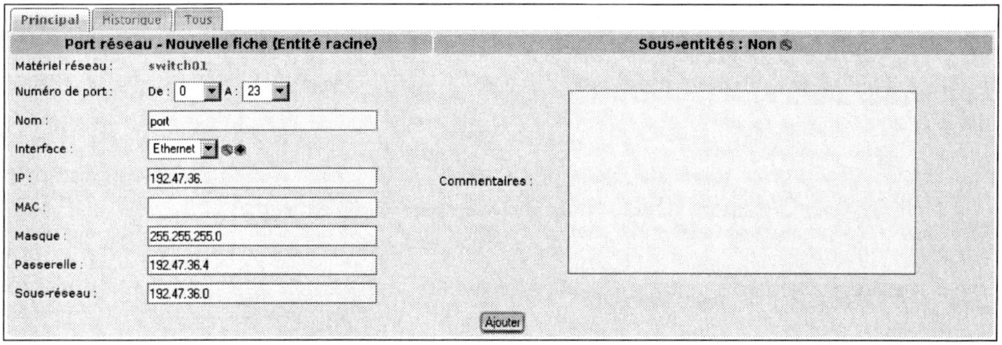

→Cliquez sur le bouton **Ajouter** pour valider la création.

Les ports sont maintenant créés et s'affichent dans ce même onglet.

Le **Nom** de chaque port est cliquable et permet d'accéder à la fiche de celui-ci.

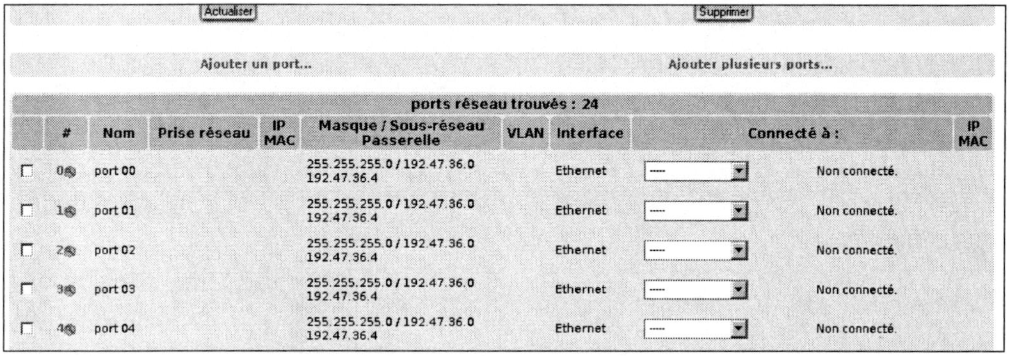

Il est possible de gérer des VLAN. Pour cela il convient de commencer par les créer dans le menu **Configuration - Intitulés**, option **VLANs**.

L'association des ports aux VLAN peut se faire dans la fiche de chaque port ou à l'aide d'une action de modification massive sous la liste des ports.

C.La connexion des éléments

Pour connecter un matériel sur un port, vous pouvez définir la connexion soit à partir de l'élément réseau, soit à partir du matériel.

> *Les conditions nécessaires à l'établissement de la connexion sont : les deux éléments doivent avoir une couverture en commun en termes d'entités et au moins un port disponible.*

1. Ajout de connexion à partir de l'élément réseau

➔ Placez-vous dans le menu **Inventaire - Réseau**.

➔ Sélectionnez l'élément réseau concerné.
Dans l'onglet **Connexions**, dans la colonne **Connecté à** :

➔ Sélectionnez le type de matériel que vous souhaitez connecter sur le port (**Ordinateur**, **Matériel réseau**, **Périphérique**, **Téléphone**, **Imprimante**).

➔ Saisissez un caractère au moins dans le champ de recherche (ou bien le joker * pour tout afficher).

➔ Sélectionnez le matériel que vous souhaitez ajouter.

➔ Sélectionnez le port de ce matériel sur lequel vous souhaitez effectuer la connexion.

➔ Validez la connexion en cliquant sur le bouton **Connecter**.

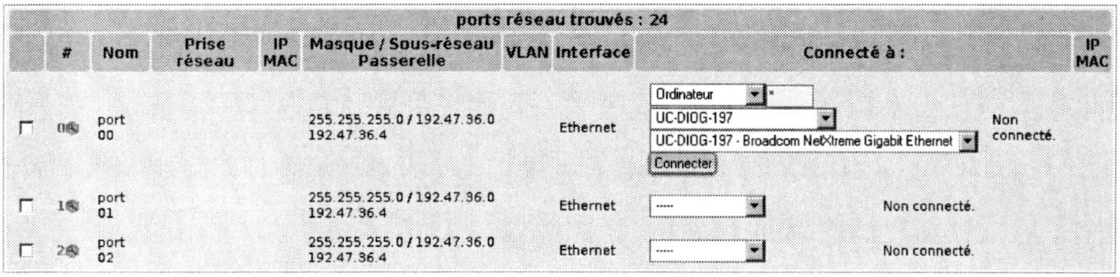

2. Ajout de connexion à partir du matériel

L'exemple ci-dessous consiste à enregistrer une imprimante sur un élément réseau à partir de la fiche de l'imprimante. Le principe reste le même avec un autre matériel.

➜ Placez-vous dans le menu **Inventaire - Imprimantes**.

➜ Sélectionnez l'imprimante concernée.

➜ Placez-vous sur l'onglet **Connexions**.

Si aucun port n'est disponible :

➜ Ajoutez-en un ou plusieurs en cliquant sur les liens **Ajouter un port...** ou **Ajouter plusieurs ports...**

Si un port est disponible :

➜ Dans la colonne **Connecté à**, déroulez la liste des types de matériels connectables.

➜ Sélectionnez **Matériel réseau**.

➜ Dans la seconde liste déroulante, sélectionnez le matériel auquel vous souhaitez le connecter.

➜ Sélectionnez le port sur lequel vous souhaitez effectuer la connexion.

➜Validez en cliquant sur le bouton **Connecter**.

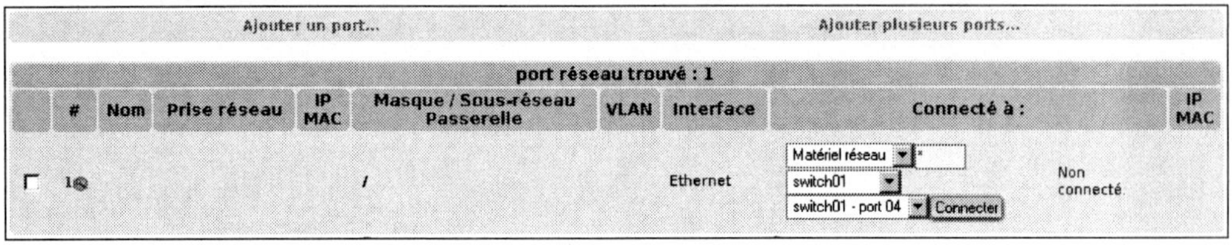

Chapitre 9
Les dictionnaires

A. Introduction

Les dictionnaires sont une fonctionnalité relativement nouvelle dans GLPI dont le but est d'aider le responsable de la gestion de parc en automatisant un certain nombre de tâches.

On distingue deux groupes de dictionnaires :

- Ceux s'appuyant sur une table du menu **Configuration - Intitulés**, dont la seule fonction est de modifier les libellés.
- Le Dictionnaire logiciel et le Dictionnaire des imprimantes qui permettent également de modifier le contenu de certains champs, mais aussi de filtrer les éléments à importer.

Un dictionnaire est toujours un ensemble de règles.

Chaque règle est composée d'un ou plusieurs critères et d'une ou plusieurs actions.

Les règles sont exécutées dans l'ordre dans lequel elles sont affichées. Le moteur d'exécution des règles s'arrête à la première règle vérifiée : l'ordre des règles est donc très important, et doit faire l'objet d'une réflexion afin de prioriser les différentes actions des différentes règles.

L'exemple ci-dessous vous montre comment modifier le mode de gestion d'une imprimante en fonction de son modèle.

Vous avez configuré l'import de vos imprimantes depuis OCSNG en mode Global car votre parc d'imprimantes est majoritairement composé d'imprimantes partagées en réseau. Seuls quelques postes sont dotés d'une imprimante individuelle toutes identiques. La règle ci-dessous va donc vérifier le modèle de l'imprimante, et s'il correspond à une imprimante individuelle, alors son mode de gestion passera en Gestion unitaire :

➔ Placez-vous dans le menu **Administration - Dictionnaires**.

➔ Choisissez le **Dictionnaire des imprimantes**.

➔ Cliquez sur le bouton **Ajouter**.

➔ Renseignez les différents champs de la fiche :

Nom : donnez un nom à la règle. Cette information doit être suffisamment claire pour permettre d'identifier l'objet de cette règle lorsque vous devrez les classer par ordre d'exécution.

Description : cette description permet de compléter les informations fournies par le nom de la règle.

Opérateur logique : cet opérateur s'applique entre les différents critères de la règle.

Actif : ce champ permet d'activer ou non la règle.

Commentaires : ce champ permet d'ajouter un commentaire sur la règle courante. Vous pouvez par exemple y noter la raison pour laquelle cette règle a été mise en place : cela en rendra la relecture par une autre personne beaucoup plus simple.

➔ Validez la création de la règle en cliquant sur le bouton **Ajouter**.

➔ La règle s'affiche avec deux onglets supplémentaires :

Principal : cet onglet permet de définir le ou les critères, ainsi que la ou les actions de la règle.

Historique : cet onglet affiche toutes les modifications apportées à la règle.

B. Définition des critères et des actions

Pour cet exemple le critère va vérifier que le modèle de l'imprimante est bien celui recherché :

➔ Dans la partie **Critère** saisissez les données ci-dessous :

```
Modèle Contient ML 1670
```

➔ Validez en cliquant sur le bouton **Ajouter**.

L'action sera de modifier le type de gestion de cette imprimante :

➔ Dans la partie **Action** saisissez les données ci-dessous :

```
Type de gestion Assigner Gestion unitaire
```

➔ Validez en cliquant sur le bouton **Ajouter**.

L'un des intérêts majeurs des dictionnaires est qu'ils s'exécutent lors de l'import des données mais qu'ils peuvent également être rejoués sur les éléments déjà en base de données.

Pour réexécuter les règles de ce dictionnaire :

➔ Placez-vous dans le menu **Administration - Dictionnaires**.

➔ Choisissez le **Dictionnaire des imprimantes**.

➔ Cliquez sur le bouton **Rejouer les règles du dictionnaire** (sous la liste des règles).

A. Acronymes

DNS *Domain Name System* ou système de noms de domaine sert à référencer de manière centralisée les noms des serveurs accessibles sur le réseau mondial Internet. DNS est le principal service utilisé sur Internet pour la résolution des noms Internet tels que www.editions-eni.com en adresses IP.

HTTP *HyperText Transfer Protocol* est un protocole qui est apparu dès 1993 et qui s'est considérablement développé en se substituant à de nombreux autres (comme Gopher ou FTP). Il permet la prise en compte du type de document lors du transfert fiable mis en œuvre. Ce protocole exige l'utilisation de TCP/IP.

IP *Internet Protocol* ou IP v. 4 est un protocole de couche 3 au sens de l'OSI et de couche 2 au sens du modèle TCP/IP qui introduit un mécanisme de commutation de paquets (plus précisément par datagramme) pour acheminer les informations d'une source vers une destination. Ce protocole est dit routé, dans le sens où il introduit un adressage hiérarchique qui permet d'identifier les numéros de réseaux, puis les hôtes (les périphériques qui disposent d'un identifiant) sur le réseau.

MAC *Medium Access Control* ou contrôle d'accès au support est un protocole de sous-couche 2 OSI qui s'appuie sur l'identifiant physique mis en œuvre sur une carte réseau.

MIME *Multipurpose Internet Mail Extensions* ou extensions de courrier Internet permet de prendre en compte différents types de données transportées pour garantir un transport sans erreur.

SNMP *Simple Network Management Protocol* est un protocole élémentaire permettant de la communication entre des composants administrés à distance à l'aide d'agents SNMP et une console graphique de supervision (superviseur SNMP). Cette console permet une visibilité instantanée de l'état du réseau. Sur chaque agent une base d'information est stockée sous la forme d'une MIB (*Management Information Base*).

TAG	Champ associé à chaque ordinateur par l'agent OCSNG, et remonté dans la base OCSNG lors des inventaires. Ce champ permet d'automatiser certains traitements sur les ordinateurs lors de leur import dans GLPI depuis OCSNG.

B. Outils cités

cron.php	Fichier permettant de déclencher des actions automatiques dans GLPI soit à partir d'une tâche Cron sous Linux, soit à partir d'une tâche planifiée sous Windows.
Gestionnaire de tâches planifiées	Outil Windows permettant de déclencher des actions à des instants prédéfinis.
GLPI	Gestion Libre de Parc Informatique
OCSNG	Outil d'inventaire (et de télédéploiement de logiciels) dont les données peuvent alimenter la base de données GLPI.
php.exe	Outil permettant l'exécution de fichiers php en ligne de commande.
PhpMyAdmin	Outil d'administration de bases de données MySQL.

A

B

C

D

E

F

G

I

L

M

O

R

T

V